弘一大師 遠離煩惱心

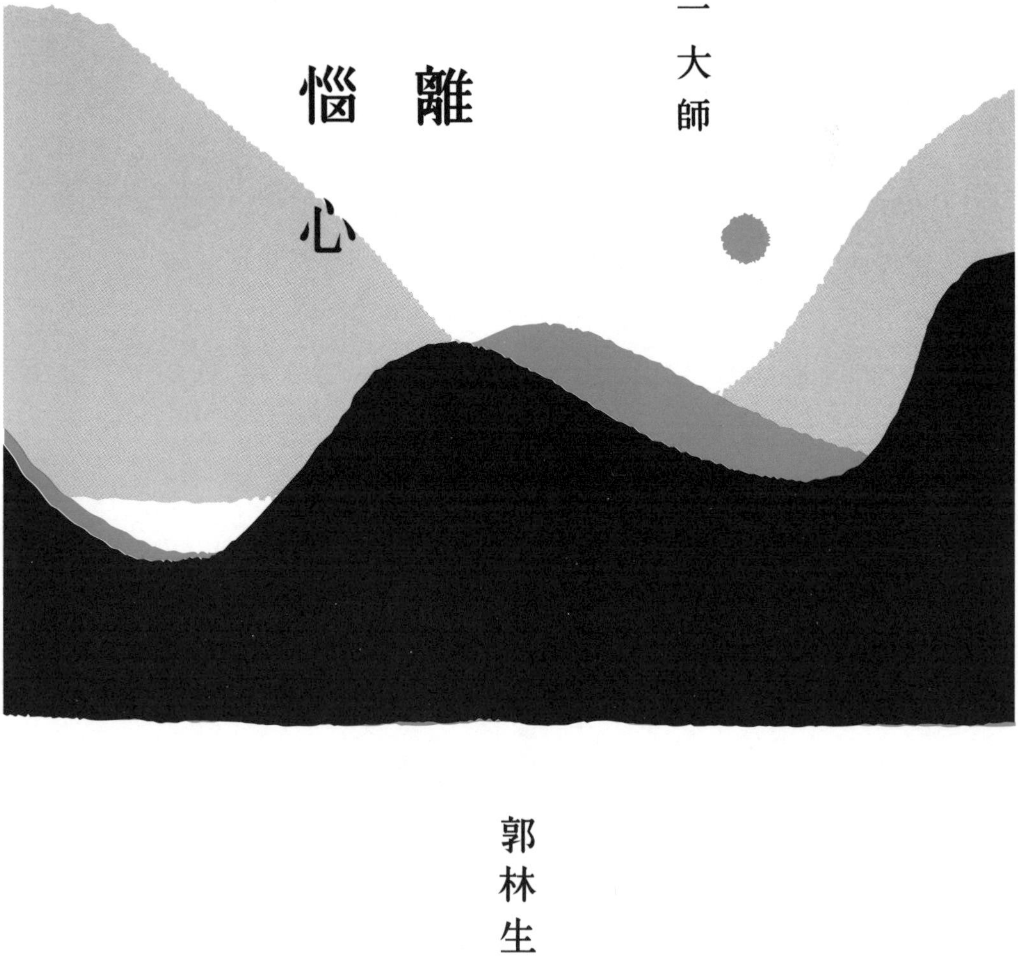

郭林生 編著

前言

「由翩翩公子一變而為留學生，又變而為教師，三變而為道人，四變而為和尚。每做一件事，都做得有模有樣。」這段話說的是誰呢？是弘一大師。

弘一大師（一八八〇～一九四二），俗名李叔同，祖籍浙江平湖，生於天津。既是才華橫溢的藝術教育家，也是一代高僧。「二十文章驚海內」的大師，集詩、詞、書畫、篆刻、音樂、戲劇、文學於一身，在多個領域，開中華燦爛文化藝術之先河。

弘一大師的生平頗具傳奇色彩。他家資萬貫，錦衣足食；他才華橫溢，聰慧過人；他風流倜儻，閱盡春色；他積極入世，革命救國。他是第一個向中國傳播西方音樂；他在日本主演《茶花女》，轟動東瀛，開中國人演話劇之先河；他執教天津、杭州、南京長達十年，成為在中國傳播西洋畫的先驅，又是第一個開創裸體寫生的教師；他無私培育了許多優秀藝術人才，畫家豐子愷、音樂家劉質平均為其高足，鬼才黃永玉也曾得到過他的親自指點。

弘一大師一生的成就是無比輝煌的。他將中國古代的書法藝術推向了另一高峰，「樸拙圓滿，渾若天成」，魯迅、郭沫若等現代文化名人以得到大師一幅字為無上榮耀。他所創作的《送別歌》歷經幾十年傳唱，經久不衰，成為經典名曲。

然而，這樣一位藝術修養極深的藝術家，在各方面都頗有造詣的才子，在藝術成就斐然的時候，居然將所有家當和藝術收藏悉數予人，悄悄皈依佛門，過起了一領衲衣、一根藜杖的苦行生活。在二十四年的孤燈黃卷和古剎鐘聲中，他潛心研究佛經，使失傳多年的佛教南山律宗再度興起，被佛門弟子奉為律宗第十一代世祖。他苦心向佛，過午不食，精研律學，弘揚佛法，普度眾生出苦海。他為世人留下了咀嚼不盡的精神財富，他的一生充滿了傳奇色彩，成為中國絢麗至極歸於平淡的人物典型。

弘一大師的一生是嚴謹而認真的。豐子愷這樣描述弘一大師：「好比全能的優伶：起青衣像個青衣，起老生像個老生，起大面又像個大面。」法師的嚴謹和認真由此可見一斑。豐子愷形容人的生活，可以分作三層：一是物質生活，二是精神生活，三是靈魂生活。對於弘一大師而言，物質生活就是衣食住行，精神生活就是學術文藝，靈魂就是宗教。「人生」就是這樣的三層樓。弘一大師的人生歷程就是這樣一層層上升，最終歸於平淡的。從一個富家子弟到一久負盛名的藝術家，又從一位藝術家而出家成為一名僧人。他做人做得太完美，風骨、才骨、傲骨兼具了。

太虛大師曾為弘一大師贈偈曰：「以教印心，以律嚴身，內外清淨，菩提之因。」趙樸初居士評價大師的一生為：「無盡奇珍供世眼，一輪圓月耀天心。」據說，如今大師的天津故居已經湮沒於房產開發的熱潮中，時代的喧囂已經將精神的空間擠壓殆盡。這時，筆者不由想起弘一大師，他的那份嚴謹、認真、清靜、執著，或許可以用來滌蕩當前人們的這種浮躁。讓靈魂回歸清明和寧靜吧！

目錄

第一章

遙現佛陀的微笑

你的生命需要被點亮

因佛法是眞能：
説明人生宇宙之所以然。
破除世間一切謬見，而與以正見。破除世間一切迷信，
而與以正信。惡行，而與以正行。幻覺，而與以正覺。
包括世間各教各學之長處，而補其不足。
廣被一切眾生之機，而無所遺漏。

——弘一大師

一代宗師弘一大師指出：佛法並不是有些人所認為的，是一種迷信。而是可以稱得上是解釋人生和宇宙的智慧。他之所以以自己畢生的精力投身於佛法的研究和弘揚，也就是為了能讓更多的像我們一樣的普通人能真正地瞭解佛法，並且從中獲得無窮的智慧與精神力量。要知道，破除迷信的最好的方法，便是對事物進行正確的認識，這正如我們改正惡行的最好的方法便是行善一樣。這其中不難看出弘一大師對佛法的癡迷，那麼，又是怎樣的一種智慧竟讓這位當年的才子少爺放棄了世俗中的財富與地位，義無反顧地披上了袈裟，成了千百年來佛的追隨者中的一個？

這便是佛法的魅力之所在。

「佛」這一個字，是從印度梵文音譯過來的，它是「智慧、覺悟」的意思。是對無盡時空裡所包含的萬事萬物的大智大覺。

弘一大師曾在他的《佛法十疑略釋》中指出，佛法非迷信，非科學，非宗教，亦非哲學。並將佛法定位於真能，說明人生宇宙之所以然，他對佛法的評價和定位是相當之高的，超過了科學、宗教和哲學。

科學技術只能告訴我們「是什麼」，卻不能解決「應當怎樣」的問題。科學是無法去回答物質以外的問題的，這也是為什麼我們在物質生活極度發達的今天仍然需要智慧來說明我們去解決關於生命的疑問的原因。

宗教的意義則往往在於偶像崇拜，更多的是一種信仰。而在佛法中你卻找不到作為偶像的神，因為佛是人通過修行達到智慧圓融的一種境界，不是讓你去崇拜什麼，而是讓你的智慧覺悟。

哲學更多是理性的分析，而很少涉及到關於人的終極的問題。因此，曾有人這樣定義哲學：「哲學的目的不在於如何去解決問題，而是在於提出問題。」而佛法則不然，佛法是包容世間一切事物和情感的大智慧，它並非停留在問題的表面，而是深入地去追根溯源地尋求答案。

對於現代人而言，知識是豐富的，但生活的智慧卻是貧乏的。因此，許多人擁有廣博的知識，能做事，能賺錢，但不快樂。

誠如西哲蘇格拉底所說：「真正帶給我們快樂的是智慧，而不是知識。」因為只有智慧才能保證自己活得有創意，能帶來光明的人生。而佛法正是這種智慧的體現。

佛法從它自身獨特的視角闡釋了對世界的理解、人生的參悟，早在兩千多年前，佛陀就說過：人生很苦。時光流逝兩千五百多年，今人和古人面臨的人生難題在本質上絲毫沒有改變。在世事艱難的人生旅程，我們脆弱的心靈，常常遇到苦和累的纏縛。佛最大的智慧便在於敢於面對人生現實、正視人生的現實，但它並不是消極地看待人生的現實，而是指出人類自身可以從苦中得以解脫，運用智慧來達到人生的圓滿。

佛經上常常拿光明來象徵智慧，光明會使人看清楚眼前的形形色色，從而使其能在人生的道路上做出正確的選擇。而智慧則會使人洞明人生宇宙的真理，會使人的思想正確、行為合理，完成最高的人格，從而達到自由、快樂、解脫的境界，因此，光明和智慧是我們的人生值得去追求的東西。

是的，智慧是照徹漫漫長夜的一盞明燈。佛陀正是以他的智慧，照亮了人生的心靈。

空及不空

常人因佛經中説「五蘊皆空」「無常苦空」等，故疑佛法只一味説空。若信佛法者多，將來人世必因之而消滅。此説不然。

大乘佛法，皆説空及不空兩方面。雖有專説空時，其實亦含有不空之義。故須兼説空與不空兩方面，其義乃爲完足。

何謂空及不空？空者是無我，不空者是救世之事業。雖知無我，而能努力作救世之事業，故空而不空。雖努力作救世之事業，而絕不執著有我，故不空而空。如是眞實瞭解，乃能以無我之偉大精神，而作種種之事業無有障礙也。

故知所謂空者，即是於常人所執著之我見打破消滅，一掃而空，然後以無我之精神，努力切實作種種之事業。亦猶世間行事，先將不良之習慣等一一推翻，然後良好之建設乃得實現。

所以眞正之佛法先須向空上立腳，而再向不空上作去。豈是一味說空而消滅人世耶！

——弘一大師

在佛經的《波羅蜜多心經》中多次談到「空」，當然，這裡所謂的「空」並不是我們通常所消極地認為的一無所有，而是包涵了極其深刻的意義在其中，一方面，「空」是指萬事萬物都是隨時處在永恆的變化之中，因此，要求我們達到一種無我的境界。而另一方面，「空」也是「不空」，因為佛法講究普度眾生，因此，它是一份救世的事業。其實，佛法中的「空」的意義便在於讓我們以無我的精神去從事世間的種種事業。

一切事物，山河大地，森羅萬象，情與無情，都是緣生緣滅、無有自性，無有實我，因此將其稱為性空無我。它是佛教探討宇宙真相的基本原則，也是佛教的本體論和宇宙觀。

但佛教中的「空」並非一味說空，認為一切都是虛空，從而使人產生消極的想法。佛教對「空」有著自身特定的解釋：空，也有兩種含意：一是「什麼都沒有」，一是「什麼都裝得下」。

佛陀在靈山會上，出示手中的一顆隨色摩尼珠，問四方天王：「你們說說看，這顆摩尼珠是什麼顏色？」

四方天王看後，各說是青、黃、紅、白等不同的色澤。

佛陀將摩尼珠收回，張開空空的手掌，又問：「那我現在手中的這顆摩尼珠又是什麼顏色？」

四方天王異口同聲說：「世尊，您現在手中一無所有，哪有什麼摩尼珠呢？」

佛陀於是說：「我拿世俗的珠子給你們看，你們都會分別它的顏色；但真正的寶珠在你們面前，你們卻視而不見，這是多麼顛倒啊！」

佛陀的手中雖然「空無一物」，但就像蘇東坡的詩句所說：「無一物中無盡藏，有花有月有樓臺。」正因為「空無」，所以具有「無限的可能性」。

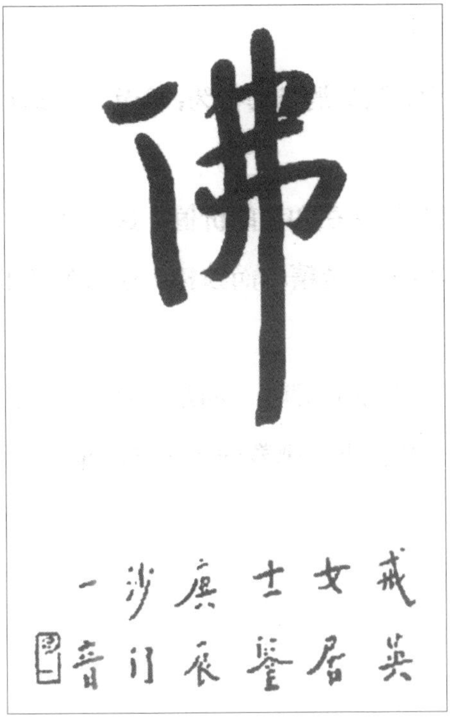

弘一大師書華嚴經聯句之一

佛陀感歎世人「顛倒」，因為世人只執著於「有」，而不知道「空」的無窮妙用；總是被外在的、有形的東西所迷惑，而「看不見」內在的、無形的本性和生活，其實那才是更寶貴的明珠。

在弘一大師看來，佛法中的「空」是「無我」的意思，而什麼是「無我」？梵文為anatman，不是我，或者沒有我的意思，即譯作非我，或無我。「無我」，不是說不存在阿特曼（我），而是不要迷戀非我的東西——我執。趙樸初說：『「離有情義」、「依他起義」和「無動作義」，都是說明無我的道理的。』

所謂「有情」，從身體的組織來說，是由於地、水、火、風、空、識六字（六種元素）構成，其中任何要素又是剎那依緣而生滅著的，所以找不到一個固定的獨立的「有情」支配身心，也就是找不到「我」的存在。這是佛教關於「無我」的一個解釋。

我們在日常生活中常常陷入煩惱之中是因為我們不能理解「無我」，總是在追求為「我」或為「我所有」。但佛是一位充滿了慈悲、智慧的覺者，是一個無我和清靜無為的人。「無我」，就是斷除塵世間一切煩惱，捨棄一切不該追逐的東西。無我法，即無畏、犧牲、奉獻，因為「無我」，在你奉獻的時候，感到自然、身心安樂。

如何是完全地沒有自我？在表面，似是消極的行為；於實際，卻是積極的做法。

弘一大師的「無我」，不是否定我的存在和我的價值。這便是他對「空」的理解，而他對「不空」的理解則更是精闢而獨特，他認為「不空」則在於努力做救世之事業。

由此可見，佛教的「空」並非世俗所謂的消極，而是一種「以出世的方法行入世的事業」的智慧，這種智慧正是佛教的偉大之所謂。

長存一顆憫物的心，不僅僅是一種博大的情懷，更是對人生與自然的一種理解和頓悟。我們從來都是與我們周圍的事物和自然融於一體的，對它們進行關懷，實際上也是在關懷我們自身。

覺悟的智慧

原來佛法之目的，是求覺悟，本無種種差別。但欲求達到覺悟之目的地以前，必有許多途徑。而在此途徑上，自不妨有種種宗派之不同也。

佛法在印度古代時，小乘有各種部執，大乘雖亦分「空」「有」二派，但未別立許多門户。吾國自東漢以後，除將印度所傳來之佛法精神完全承受外，並加以融化光大，於中華民族文化之偉大悠遠基礎上，更開展中國佛法之許多特色。至隋唐時，便漸成就大小乘各宗分立之勢。

——弘一大師

什麼才是真正的智慧？其實，所有的智慧就藏在我們的周圍，大自然和我們的人生其實都有智慧的足跡。是的，我們的生活中並不缺乏智慧，只是我們缺乏一雙去發現智慧的眼睛而已！而這雙能發現智慧的眼睛便是我們對於生活、對於周邊世界的一種覺悟。而在佛法中便是所謂的「悟」。

在弘一大師看來，佛法不但是一種智慧，更是一種覺悟。「佛」是「佛陀」的簡稱，而「佛陀」是印度話的音譯，意思是「覺悟的人」，是極其尊敬的稱呼。它含有自己覺悟、令別人也覺悟、及時時刻刻對宇宙人生一切事情都具有正確而徹底的覺悟等三個意義，凡是這三點都能做得圓滿的，便尊稱他為「佛陀」。因此，所有的人，都有機會成為「佛陀」。

釋迦牟尼佛告訴我們：眾生（一切有生命的存在體）都能成佛，因為眾生的本性和佛的本性都是一樣的，只是眾生都是「迷」而不能「覺」，或者「覺」得還不徹底。但只要自己願意，又有正確的方法，每一個眾生，最後都能達到究竟圓滿的覺，而成佛。

然而，怎樣的覺才算圓滿呢？必須要具備正覺、平等覺、無上覺三個特性，才是圓滿的覺。正覺，是正確的覺悟、真正的覺悟、正直（當下直接）的覺悟，而不是錯覺、邪覺；是依智慧直接看得透徹的覺悟，而不是經過意識思考、分辨、判斷、感受等作用後而得到的覺知。平等覺，是這個覺無處不到、無時不在、無所不覺，超越虛空，遍滿宇宙，沒有一事一物不是在這個覺裡；而這個覺，又是一切事物真正的生命；如是覺證到一切生命都和自己的生命沒有分別，甚至是一體，不可分的。無上覺，是這個覺超越一切相對境界，到達絕對、究竟的境界。這樣的覺，才是真正圓滿的覺。

正如釋迦牟尼成佛一樣，對生命和人生的徹悟和覺醒是必須由每一個生命個體來親自體驗的，知性的瞭解並不能帶來徹底的覺悟，因為悟是頓的，是剎那的發現；它必須配合漸修，漸修就是度。《六祖壇經》說「自悟自度」。悟是看清，度是行動，沒有行動的悟稱不上徹悟：自度就是六度，又稱為六波羅蜜，它的內涵包括佈施（幫助別人、尊重別人、給別人喜悅都是佈施）、持戒（好的生活格律）、忍辱（寬容）、精進（積極地努力）、禪定（不被境界色相所欺）、智慧（徹悟）。這六度漸修，終究還是以徹悟為最終目標。

的確，悟和覺都是剎那的發現，而且是一種十分奇妙的境界。兩千多年前的釋迦牟尼就是經歷了苦修和參悟才最終在菩提樹下大知大覺、大徹大悟。而這種對整個世界和生命的覺悟從此便開始影響到世人，讓每一個生命體都尋找到了自身的覺悟，擁有覺醒而智慧的人生。覺悟還是一種智慧，它是長時間思考後靈感在一瞬間迸發出的光芒；它也是歷經人生後那無言的微笑。

佛陀手中拈動的那朵花正象徵著生命，生命正是那朵從未開到怒放，再到凋零的花。佛陀拈著花，告訴大眾，生命的意義就在自己手中，是自己掌握著自己，並應對它報以歡喜的微笑。

正如弘一大師所說，佛法的目的在於求覺悟，但達到這一目的的途徑和方式則是多種多樣的，不管是小乘佛法還是大乘佛法，也無論是律宗還是禪宗都只是達到同一目的的方式的不同罷了，終究都是為了人生的覺悟。而悟的主體則是自己的心，也就是生活中的自己，悟的結果便是從煩惱中解脫出來，看清生命的究竟和生命的不定期源，也看清真正的自己。

只有在對自己的生命報以微笑，對自己的生活報以讚賞的正確觀念下，我們才能接納自己，面對自己的環境和遭遇，實實在在地過現實的生活。

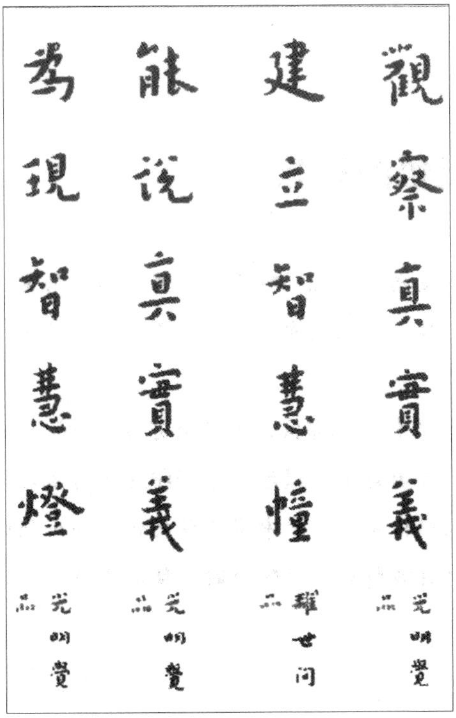

弘一大師書華嚴經聯句之一

有因必有果，有果必有因

因果之法，雖爲佛法入門的初步，但是非常的重要，無論何人皆須深信。何謂因果？因者好比種子，下在田中，將來可以長成爲果實。果者譬如果實，自種子發芽，漸漸地開花結果。

我們一生所作所爲，有善有惡，將來報應不出下列：

桃李種長成爲桃李——作善報善

荊棘種長成爲荊棘——作惡報惡

所以我們要避凶得吉，消災得福，必須要厚植善因，努力改過遷善，將來才能夠獲得吉祥福德之好果。如果常作惡因，而要想免除凶禍災難，哪裡能夠得到呢？

所以第一要勸大眾深信因果了知善惡報應，一絲一毫也不會差的。

——弘一大師

何謂因果？因者就像是種子，種在泥土中，將來可以長成為果實。果者譬如果實，先要種子發芽，然後才能漸漸地開花結果。這就正如我們一生所作所為，有善有惡，不好的行為必然會導致不好的結果，而好的行為也自然會帶來好的結果。所以我們要避凶得吉，消災得福，就必須要多種善因，努力改過從善，將來才能夠獲得吉祥福德的好結果。

因果報應可以說是佛法教義中非常重要的一部分，更是佛法世界觀、人生觀的精華之所在。因果，最簡單的解釋，就是「種什麼因，得什麼果」，這是自然界的普遍法則，在佛教教義體系中，因果是用來說明世界一切關係的基本理論。「因」是能生、「果」是所生，也就是能引生「果」的是「因」，由「因」而生的是「果」，世界上沒有任何一種結果不是從它的原因所生成，「種瓜得瓜，種豆得豆」。

然而，因果報應是有其自己的規律的。佛教裡把因果稱為因緣果報。這個規律如果打個比喻來說呢，是這樣的：因就是我們所有的思想、言論、行為。這些都會成為因。這個因就如同種子一樣。當種子遇到了適宜的土壤、陽光、養分之後就會生長，開花結果。土壤、陽光、養分，這些能夠促成種子生長的因素，就是緣。當我們自己所種下的因，遇到適合的條件就會產生一個結果。這個道理是很客觀的。

這個結果就是我們所說的報應，果報。他會體現在我們的現實的生活中。由因到果的這個過程就是因緣果報。我們現在所處的環境，接觸的人，享受的事物，等等際遇，無不是從前我們種下的因，遇到了適當的緣，而結成的果。而我們現在的所想，所言，所行，又依然會成為新的因，將來也一定會有相應的結果。但這裡需要注意的是，因果報應與宿命論是截然不同的，這一世的生命發展，可以由不同的努力（那種不同的因），而得到不同的發展（不同的果）。「事在人為」、「人定勝天」便是這種因果看法的說辭。

由於佛法有因果關係一說，而由此也衍生出有業有報，進而形成了因果報應的說法。業是一種行為，主要有善、惡兩種。人一旦做了善行或惡行，將來都會有結果的。由於一般人「近視眼」的關係（這種近視不是眼睛的近視，而是認識的近視、智慧的近視），往往認為：做好事，做完就結束了；做壞事，只要沒有受到法律的懲罰，做完也就完了。這是一般人的觀念。但是佛法認為：一個人做了善的行為，或者不善的行為，將來都會有結果的。所謂「善惡到頭終有報，只爭來早與來遲！」至於結果什麼時候產生呢？只是時間的問題，有可能是現生受報，有可能是來生，乃至要經過更多次的受生。什麼時候條件成熟了，什麼時候就會產生結果。

當一個人做了好事，或做了壞事之後，心裡會留下一種影像。做壞事的人一天到晚不得安寧，做好事的人心安理得。也就是說，當一個人做好事或做壞事時，這種行為會折射成影子，回歸到自身的思維裡，佛法把它叫做種子。當我們做好事或做壞事時，就種下了善的或惡的種子。善惡的行為還會產生不同的社會效應。當我們傷害一個人，對方不是受到傷害就完事了，他會懷恨在心，甚至等待機會報復，一旦因緣成熟，內心的種子跟客觀條件產生感應，果報就成熟了。

佛教在講因果報應的同時強調主體的自覺，把個人的解脫與度眾生結合起來。這是佛教的重要教義，促使佛教徒靜心、腳踏實地地求佛。大願禪師說：修行要腳跟著地，不能狂妄急躁。要知因識果，如果沒有因果律，任何宗教都會崩潰瓦解。

其實，在現實生活中，因果報應觀點有益於規範人們的行為，所以，佛教講因果律時常說：善有善報、惡有惡報，殺人一定要償命。這說明了佛教是不會違反世間法律的，而是承認世間法律的。不殺生是這樣，不貪、不說謊也是這種精神。若是為國家生財，為人民謀利，這是利益眾生的事，是大好事。若為個人貪財，為私人洩憤而害人，那便為戒律所不許。

因果報應的思想，對貪污腐敗分子，行為不端的人，也有懲戒意義。這些違法亂紀的人，一般有僥倖心理，不相信因果報應，不相信自己的違法行為會暴露，所謂利令智昏。佛教宣傳因果報應，時時提醒人們行善抑惡，是世間法的重要補充。

弘一大師說：「善有善報，惡有惡報。欲挽救世道人心，必須於此入手。」

陳毅生前喜歡說的一句諺語就是：「善有善報，惡有惡報。不是不報，時候未到。時候一到，一齊俱報。」這句諺語既是佛教的輪回報的思想，也是其他宗教或儒家的觀點。如《易經》說：「積善之家，必有餘慶，積不善之家，必有餘殃。」道家《太上感應篇》云：「禍福無門，唯入自召。善惡之報，如影隨形。」

這句話的佛教意義是：今生一切是前世安排，來生幸福，全看今生積德行善。

取法天地間

取天地生物氣象，學聖賢克己工功。

——弘一大師

佛法以其自身獨特的世界觀、人生觀和價值觀來闡釋對世界和人生的各種看法，從而讓我們更加清晰而正確地認識到人與人、人與社會及人與自然之間的關係，進而達到和諧統一的圓融境界。在佛法中，一直都在強調眾生平等，而且指出世間的萬物皆有佛性，這樣就不是將人與自然隔裂開來，而是使之融合在了一起。釋迦牟尼普度眾生的苦心在於希望所有的人都可以從與自然界的各種現象的接觸之中學習並且領悟到佛法。

自然界本身就是有規律的，而這其中也蘊含了無限的禪機。所謂春有百花秋有月、夏有涼風冬有雪。自然界本身就按照自己的規律運行著，而人作為自然界中的一分子，更是應該瞭解並且遵循自然界的規律並且最終達到與自然的和諧、圓融。而佛法中的圓融思想正好可以幫助我們處理當今和未來人與社會、人與自然、人與心靈等的各種的矛盾衝突，從而達到了人與自然和諧而圓融的人生境界。

而和諧必不可少的內涵，首先表現於人天的和諧。人類的生存發展依賴自然，同時也影響自然；自然也制約影響著人類的生存，人與自然唇齒相依、血肉相連的依存關係，正為人類科學的高度發達、人類隨心所欲駕馭自然能力的畸形發展所稀釋。但是，就人而言，地球是我們的立根之本，誰都有權來保護它的生態平衡，要是破壞它的生態平衡，就是自掘墳墓。幾千年來，我們都遵循著古訓，在這片沃土上休養生息，與大自然和諧相處。但有些人卻忘記了先賢的格言，喪心病狂地無休止破壞這和諧的環境，大開殺戮，亂採亂伐，破壞了大自然的生態平衡，從而引發了天災人禍，這是大自然對人類的一種回撲，這是告訴人類——住手！否則人類將被自然界這無法抗拒的力量吞沒。

因此，在處理人與自然關係方面，四川大學宗教研究所陳兵教授認為，關鍵在於治好人心，所謂「心淨則國土淨」。佛法的圓融觀教導人類：自然界作為人類主體（正報）之「依報」，與人類息息相關，乃人類自身的一部分，並非只是征服的物件。對自然資源的盲目開發及破壞，必然導致人類主體自身的不和諧，產生水旱地震等自然災害，滋生各種疾病。經濟建設應從整體思維出發，進行集約式綜合資源開發，兼顧生態環境效應，進行可持續發展。

陳兵教授特別提到，「全人類如若能掌握圓融的智慧，指導人與自然、人與社會、人與自心等關係的處理，則一個和平、和諧、發展、生態良好的新世紀之創造，殆非難事」。

所謂「取法於天地間」，自然界本身就是時時處處都充滿著智慧。一切自然現象存在的背後都隱藏著一雙規律的手。因此，如果我們能夠認識並領悟到自然界的諸多智慧，那麼，這必將能增加我們在生活中的智慧，從而過得更好。而在佛的世界裡，哪怕是一棵毫不起眼的樹苗，它其中也蘊含著無限的禪機。

有一位信徒在佛殿禮好佛後，便信步到花園散步，碰巧看到園頭（負責園藝的僧眾）

正埋首整理花草，只見他一把剪刀在手中此起彼落，將枝葉剪去，或將花草連根拔起，移植另一盆中，或對一些枯枝澆水施肥，給予特別照顧。信徒不解地問道：「園頭禪師，你照顧花草時，為什麼將好的枝葉剪去？枯的枝幹反而澆水施肥，而且從這一盆搬到另一盆中，沒有植物的土地，何必鋤來鋤去？有必要這麼麻煩嗎？」

園頭禪師道：「照顧花草，等於教育你的子弟一樣，人要怎麼教育，花草也是。

弘一大師書華嚴經聯句之一

信徒聽後不以為然道：「花草樹木，怎能和人相比呢？」

園頭禪師頭也不抬地說道：「照顧花草，第一，對於那些看似繁茂，卻生長錯亂，不合規矩的花，一定要去其枝蔓，摘其雜葉，免得它們浪費養分，將來才能發育良好；就如收斂年輕人的氣焰，去其惡習，使其納入正軌一樣。第二，將花連根拔起植入另一盆中，目的是使植物離開貧瘠，接觸沃壤；就如使年輕人離開不良環境到另外的地方接觸良師益友，求取更高學問一般。第三，特別澆以枯枝，實在是因為那些植物的枯枝看來已死，內中卻蘊有無限生機；不要以為不良子弟都是不可救藥，對他灰心放棄，要知道人性本善，只要悉心愛護，照顧得法，終能使其重生。第四，鬆動曠土，實因泥土中更有種子等待發芽；就如那些貧苦而有心的學生，助其一臂之力使他們有新機會成長茁壯！」

信徒聽後非常欣喜地說道：「園頭禪師，謝謝您替我上了一課育才之道！」

育花如同育人，自然界就是這樣的巧妙，將一個個深刻的道理寓意於一草一木之中。不僅是佛教，在中國的道教和儒家學說都十分講究天人合一的觀點，十分注重研究人與自然的關係，並且都從自然界中提煉出不少的真理來指導人們的思想和行為。而每個個體的心靈純潔與否、與人間的和諧，以及世間天地人的和諧相應，有著莫大的關聯，佛法特別注重心靈涵養給予社會、自然那不可忽視的重大影響力。因此，我們在日常繁忙的生活和工作中不妨抽空多多加強心靈的涵養，並同時親近自然，讓自己保持一種與自然和諧的身心平衡的狀態。

蓮出淤泥

只緣塵世愛清姿，蓮座現身月上時。
菩薩盡多眞面目，凡間能有幾人知？

——弘一大師

弘一大師曾在他的一把扇子的扇面上畫一朵白蓮，然後題詞解釋道：

只緣塵世愛清姿，蓮座現身月上時。

菩薩盡多真面目，凡間能有幾人知？

由此可見弘一大師對於蓮花的高度評價和無比熱愛。讀佛典，隨處可見蓮花：

《楞嚴經》云：「爾時世尊，從內髻中，湧百寶光，光中湧出，千葉寶蓮，有花如來，坐寶蓮上……」

《維摩經．佛回品》曰：「不著世間如蓮花，常善入於空寂行。」

《諸經要解》則寫道：「故十方諸佛，同生於淤泥之濁，三身證覺、俱坐於蓮台之上。」

原來，蓮貴在虛空，出淤泥而不染。

《大正藏》經典說，蓮花有四德，一香、二淨、三柔軟、四可愛。其實許多花都柔軟、乾淨、充滿香氣，只是蓮花有一特殊的生態是其他植物沒有的，因此承擔了佛教的象徵使命，「初期佛教徒是基於植物生育的特徵而重視蓮花。」日本老一輩佛教美術研究學者林良一在《佛教美術的裝飾紋樣》中寫道。

春夏秋冬，四季輪轉，花落花開。花朵具有謝而又發的生命力，本是許多文化喜愛惜用的主題。但世間花卉先開花後結實，蓮花則在開花同時，結實的蓮蓬已具。明朝詳述各種植物的書籍《群芳譜》就特別強調蓮花「華實齊生」的特質。蓮花因此被佛家視為能同時體現過去、現在、未來。

佛說平等，不論過去現在未來，天地萬物時空，方位大小多少，人與人，如此如彼，窮富貴賤皆平等。極樂淨土是沒有過去現在未來的。具有超時空相貌的蓮花，獨享「福報」，成為淨土世界的花朵。

不僅如此，南宋詩人周敦頤更是在他的《愛蓮說》一文中將蓮花大加讚賞，稱其為「出淤泥而不染，濯清漣而不妖」，並將蓮喻為花之君子。而蓮也確實具有許多高潔的特質：

其根如玉，不著諸色，
其莖虛空，不見五蘊，
其葉如碧，清自中生。
其絲如縷，綿延不斷。
其花莊，其香遠，不枝不蔓，無掛無礙。

蓮子更是一片苦心如佛心，諄諄教人心生清涼，往生淨土。

佛是人，人也是佛。只因執著妄想，迷失自我，如同淤泥。但自性如古蓮子，千年之後，仍舊生葉開花，香馥如故。

無量佛如蓮；無邊佛法如蓮；人亦當如蓮。

弘一大師在塵世時，因愛老法師「月上時」的髯隨風飄的清姿，毅然出家，做了和尚。「只緣塵世愛清姿，蓮座現身月上時」此句，是他出家過程的真實寫照。而「菩薩盡多真面目，凡間能有幾人知？」則是弘一大師修行多年的體會。對於他自己來說，沒有什麼特別的地方，一舉一動，不過真性流露而已，再平常不過了。但在平常的人看來，高僧的舉止，高深莫測。

趙樸初很喜歡這首偈，反映了弘一大師「出污泥而不染」的境界。

趙樸初在《佛教常識答問》裡說，近代中國佛教自清末楊仁山居士宣導以來，以律學名家，戒行精嚴，緇素皈仰，薄海同飲者，當推弘一大師為第一人。

在弘一大師的時代，中國正處於戰亂的年代，佛法在當時相當地凋敝，尤其是律宗，由於律宗對於修行者的言行舉止的要求甚為嚴格，因此在當時很少有人在此方面涉足，就更不用說會有較高的建樹了。但弘一大師則正是在當時這種佛法凋敝、混亂的現狀下，義無反顧地選擇了要求極嚴的律宗，這不能不說便是當時開在戰亂社會的一朵清蓮。

是的，蓮花並沒有選擇在最乾淨的地方開花，而是選擇了在淤泥中扎下根來，選擇了最需要它的地方。關於蓮花扎根於淤泥還有著這麼一個美麗的傳說：

佛祖東行，普視人間，俯視大地便發現淤泥乃為最髒，於是佛祖便問，誰願意扎根於淤泥之中？底下的蓮花答曰：我願意。佛祖又問：「你如何去降伏淤泥？」蓮花則回答道：「出淤泥而不染地去感化。」因此，佛法也如同這蓮花一樣，偉大就偉大在它們不僅不厭棄那些醜惡的事物，反而是因此而存在，不但保持自身的高潔，還對那些醜惡的事物進行感化和改造。

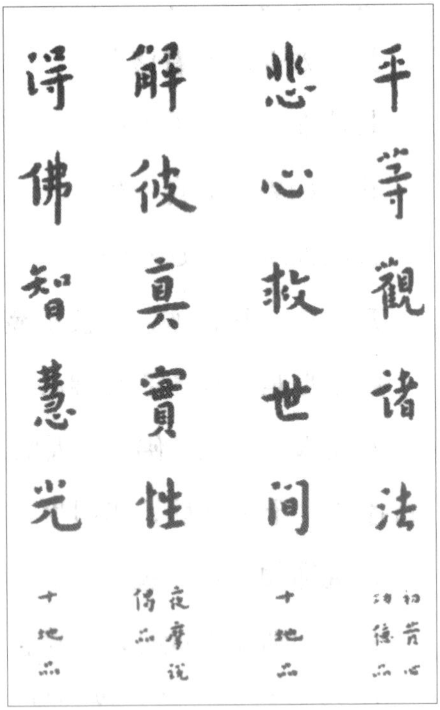

弘一大師書華嚴經聯句之一

但願這世間人人都有一顆蓮花一般純潔的心，這也正如身披袈裟的喇嘛所說：這其實是一顆無塵的心，它要用自己的堅毅換來一方的祥和，每個生命都以洗盡欲念的純真，給你聖潔的啟示，吉祥如意的祝福。救苦救難的觀音菩薩，腳踏蓮花；普度眾生的佛為了參悟人生的真諦，也總是坐於蓮座之上。多少年來，蓮與佛就結下了不解之緣。多麼透澈，多麼博大，讓人肅穆，發人深思，耐人尋味。

佛最大的智慧便在於敢於面對人生現實、正視人生的現實，但它並不是消極地看待人生的現實，而是指出人類自身可以從苦中得以解脫，運用智慧來達到人生的圓滿。

緣起緣來總有時

淨土之於地藏，自昔以來，因緣最深。而我八祖蓮池大師，撰《地藏本願經序》，勸贊流通。逮我九祖益大師，一生奉事地藏菩薩，讚歎弘揚益力。居九華山甚久，自稱爲「地藏之孤臣」。並盡形勤禮地藏懺儀，常持地藏眞言，以懺除業障，求生極樂。又當代淨土宗泰斗印光法師，於《地藏本願經》尤盡力弘傳流布，刊印數萬冊，令淨業學者至心讀誦，依教行持。今者竊遵淨宗諸祖之成規，普勸同仁兼修並習。勝緣集合，蓋非偶然。

——弘一大師

佛曰：「佛度有緣人。」

其實，有很多事情，在看似偶然的背後都深深地隱藏著必然，而這必然又等待著這偶然來成全。也許，這就是緣妙不可言的地方。正如弘一大師的出家，表面上看上去好像是一個偶然的事件，但在這個所謂的偶然事件的背後則是種種導致他選擇出家的必然原因。

因緣為「因」與「緣」之並稱。因，指引生結果之直接內在原因；緣，指由外來相助之間接原因。簡而言之，即產生結果的一切原因總稱為因緣。一切萬物皆由因緣之聚散而有生滅，即：緣起緣滅。

從原始佛教到大乘佛教，從印度佛教到中國、日本的佛教，幾乎全部的佛教，都是以緣起說為中心思想。故如能充分瞭解緣起說，即可瞭解佛教。可以說，緣起說不僅為佛教的中心思想，也是佛教與其他宗教、哲學不同的地方，它是佛教獨有的特徵。

趙樸初曾在題為《詩歌及其與佛教關係漫談》的演講中說：「佛教的宇宙觀是不承認宇宙是上帝和神創造的，它認為萬事萬物都是因緣而起的，『緣』解釋為現代的語言就是關係與條件，釋迦牟尼解釋『緣』為『此有吾必有，此無吾必無；此生吾必生，此滅吾必滅。』比如講，有主人必有客人，有客人必有主人，這樣一種相互依存的關係。」「佛教把事物的形成分解得很細微，認為一切存在都是由很細微的東西湊合而成的，都是因緣而合起來的。」

佛教講「眾因緣生法，我說即是空」，既然一切由因緣而起，即不是因佛而起，所以，佛教不等於主觀唯心主義。同時，佛教不承認上帝和靈魂，即最初的原因，不是主觀唯心主義的「我」，也不是客觀唯心主義的「造物主」，而是客觀世界本身。

因此，在佛法看來，任何現象都是依一定的因（起根本、內在作用的條件）、緣（起輔助、外在作用的條件）的集合而生起、而變化、而消滅。一概言之，一切現象都是特定條件的暫時集合，就像車子是由各種零件組合而成一樣，又像三捆蘆葦互相支撐而得堅之、若去其一、餘二則倒，若去其二，餘一則倒。正如佛曾給「緣起」下了這樣的定義：

若此有則彼有，若此生則彼生；

若此無則彼無，若此滅則彼滅。

正因為因緣如此之複雜，我們是很難去看清或者去把握的。因緣的妙也就妙在它的不可思議，所謂「因緣際會」，這個世界上並沒有所謂的偶然，只有偽裝或偶然的必然。

弘一大師的出家，他由一個歷經了人生繁華的風流才子到一代佛法大家在表面上看來似乎是一個偶然，然而，當我們透過這些表面現象則不難看出隱藏在其中的必然性。

弘一大師曾在他的一篇《我在西湖出家的經過》中較為詳細地描述了他與佛的因緣際會：我以前從五歲時，即時常和出家人見面，時常看見出家人到我的家裡念經及拜懺。於十二三歲時，也曾學了放焰口。可是並沒有和有道德的出家人住在一起，同時，也不知道寺院中的內容是怎樣的，以及出家人的生活又是如何。

後來，人近中年，在杭州的一所學校當老師時，曾有一次，學校裡有一位名人來演講，我和夏丏尊居士卻出門躲避，到湖心亭上去吃茶呢！當時夏丏尊對我說：「像我們這種人，出家做和尚倒是很好的。」我聽到這句話，就覺得很有意思。這可以說是我後來出家的一個遠因了。

後來，我便經常跑到寺廟去小住一段時間，與寺中的法師聊天、一起探討佛經。那時候就已經穿出家人的衣裳了，而且預備轉年再剃度。及至七月初，夏丏尊居士來。他看到我穿出家人的衣裳但還未出家，他就對我說：「既住在寺裡面，並且穿了出家人的衣裳而不出家，那是沒有什麼意思的。所以還是趕緊剃度好！」

我本來是想轉年再出家的，但是承他的勸，於是就趕緊出家了。七月十三日那一天，相傳是大勢至菩薩的聖誕，所以就在那天落髮。

以上的例子，是在說明一個人的緣起關係——個人是存在於與周圍環境的關係之中的。個人常常受外界善惡的影響，同時也不斷地影響周圍。例如學生，是受同學、長輩、老師等的影響，形成他的人格。所謂「近朱者赤，近墨者黑」。不管是家庭、學校、公司，乃至地方團體、國家，我們時時刻刻都置身其中，受它們的感化影響，同時也予以善惡的影響。這種與周圍環境的相互關係，也就是相依相成的緣起關係、有機的連帶關係。

當然，佛法雖然認為事物皆由因緣而起，但並不否定大的後天的努力，即人的主觀能動性，不否定人的修持工夫，從而將客觀的「因緣」與人的後天努力相結合。試想，即使各種機緣都促使弘一大師最終走向佛法，成為了出家人，但是若沒有他自身的努力則即使是皈依佛門也未必能夠成為一代宗師。

既然，我們已經對「因緣」有了較為深刻的認識，那麼，在我們的生活中，我們也應該對事物、對事情抱有一顆惜緣的心。佛說：「今生的相識是前世回眸五百次的結果。」因此，不僅對我們的親人、愛人和朋友應倍加珍惜，甚至是對待那些與我們只有一面之交的人也是應該加以珍惜這難得的緣份的。

每次到一個地方做講座、或者遇到佛友，與人有過友好的交往，弘一大師都將其看作是「因緣」，即「際會有因緣」，而不是偶然。因此，他也十分珍惜和別人的每一次的交往。並認真負責地對待自己的每一次演講。

弘一大師作為佛法的一代宗師尚且如此，那麼，我們作為芸芸眾生中的一員是否也應該去珍惜我們生活中的每一份因緣呢？這正如趙樸初感歎因緣巧妙的詩句：

因緣不思議，新昌喜再來。
眷眷佳客至，代代好花開。

在人生漫漫的旅途之中，請且行且珍惜。

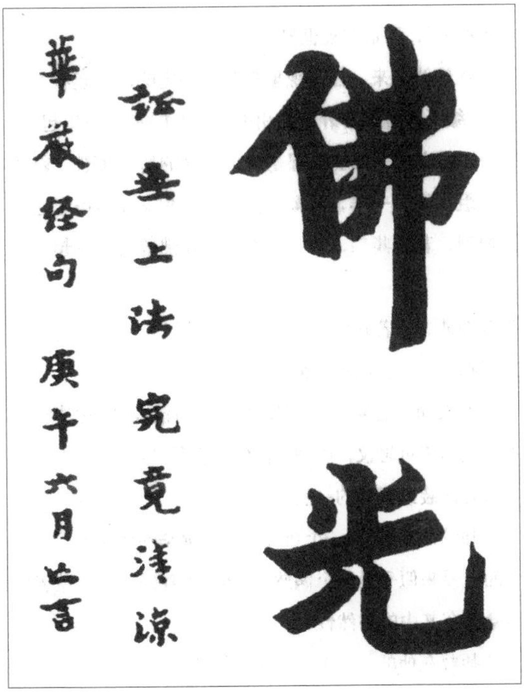

第二章

我們都是為愛而生

一言之善入心

這時芝峰法師就談起佛學院裡的課程來。他說：「門類分得很多，時間的分配卻很少，這樣下去，怕沒有什麼成績吧？」

因此，我表示了一點意見，大約是說：「把英文和算術等刪掉，佛學卻不可減少，而且還得增加，就把騰出來的時間教佛學吧！」

他們都很贊成。聽說從此以後，學生們的成績，確比以前好得多了！

——弘一大師

弘一大師對於善的理解甚至是到了一句話的境界，的確，言語上的善良往往能體現出一個人真實而善良的內心。

早在晉代時期的葛洪便說過一句很有名的警句，即為：「一言之善，貴於千金。」的確，語言是人類表達思想、體現信仰的重要工具，是溝通人際關係的重要橋樑，人們都是通過語言來交流和聯絡情感、加深友誼的。因此，語言表達的善與惡則直接影響到了交流及人際交往。美好的語言往往能欣賞別人的優點，消除他人的不是；美好的語言還能把大事化小、小事化了；美好的語言還能平息怨恨、和睦鄰里、團結眾人。而一句善意的話語則能使別人獲得引導，點燃他的自信，給他以無窮的力量。

我國著名書畫家楊傳紅在回憶自己是如何走上書畫的成功之路時，說道：「我一直都記著一位我不認識的人對我說的一句話，因為這句話影響了我人生，他是我一位遠方親戚，從外縣市來到我家，看了我寫的字和文章，給我一個微笑，並且說，人小文才好，字漂亮，前途無量。我當時傻乎乎的連個謝謝都不知道說，只是默默記住他的話，後來我的字確實厲害，拿了縣級書畫比賽第二名。

「那位親戚走後，我就樹立起一個信念：只要有一個人支援我的工作，那麼我就要堅持，堅持到底，做的更好。其實，現在把當時的文章拿出來一看，文章爛的很。字呢東倒西歪，什麼好啊，我真的感激那個我到現在都不認識的親戚，他給了我一顆信念種子，我到現在也很欣賞他，他懂得在一個窮地區對一個窮人的孩子該說的是什麼，該給的是什麼。」

「一句善言改變了我的行為，一句善言挽回了我的整個生命。挽救了我的整個春天，一句善言竟讓我走過饑荒、沼澤、沙漠，走過了這麼多年。以至於走過了之後很漫長的創作之路。」

古語云：與人善言，暖於布帛。一句充滿善意的話語往往會充滿無形而巨大的力量，它不僅可以暖人心脾，給人以希望和信心，它甚至還可以「以一言之善而制止一場武力」，化干戈為玉帛。李敖在他的《北京法源寺》一書中就曾對馮道的一言之善制止了一場戰爭而給予了高度的評價：

「契丹打進中國，殺人屠城，無惡不作，中國的英雄豪傑，誰也保護不了老百姓，但是馮道卻用巧妙的言詞、大臣的雍容，說動了契丹皇帝，放中國人一馬。歐陽修寫《新五代史》雖然對馮道殊乏好評，但也不得不承認『人皆以謂契丹不夷滅中國之人者，賴道一言之善也』！馮道能夠以『一言之善』，從胡人手中，救活了千千萬萬中國百姓，這比別的救國者對老百姓實惠得多了。」

的確，善言必然是發自內心的善意，一個話語間充滿了善意的人必定是一個內心也充滿了仁慈、善良的人。而這種發自內心的善意再通過善意的語言表達出來則最能打動人心。佛法是極其講究善良的，勸人向善便是其中的一大教義，而且這種善不僅僅表現在言語上，更是表現在對於惡的包容與改正上。

盤禪師備受大家尊崇。有一次，他的一個學生因為行竊被人抓住，眾人紛紛要求將這個學生逐出師門，但是盤禪師並沒有那樣做，他用自己的寬厚仁慈之心原諒了那個學生。

可是沒過多久，那個學生竟然又因為偷竊而被抓住，眾人認為他舊習難改，要求將他重罰，但盤禪師還是沒有處罰他。其他學生不服，他們聯合上書，表示如果再不處罰這個人，他們就集體離開。

盤禪師看了他們的聯合上書，然後把他的學生都叫到跟前來說：「你們都能夠明辨是非，這是我感到欣慰的。你們是我的學生，如果你們認為我教的不對，完全可以去別的地方，但是我不能不管那個行竊的學生，因為他還不能明辨是非，如果我不來教他誰來教他呢？所以，不管怎麼樣，即使你們都離開我了，我也不能讓他離開，因為他需要我的教誨。」

那位偷竊者聽了盤禪師的話，感動得熱淚盈眶，心靈因此而得到了淨化，從此以後再也不偷別人的東西了。這便是善良的力量，哪怕只是一言之善！

站在同一臺階上

華嚴經行願品末卷所列十種廣大行願中，第八月常隨佛學。……但其他經律等，載佛所行事，有爲我等凡夫作模範，無論何人皆可隨學者，亦屢見之。

——弘一大師

在給僧人們講課時，弘一大師給大家講述了這樣幾則關於佛的故事：

佛和阿難出外遊行，在路上碰到一個喝醉了酒的弟子，已醉得不省人事了。佛就命阿難抬腳，自己抬頭，一直抬到井邊，用桶汲水，叫阿難把他洗濯乾淨。

又有一次，一個弟子生了病，沒有人照應，佛就問他說：「你生了病，為什麼沒人照應你？」那弟子說：「從前人家有病，我不曾發心去照應他；現在我有病，所以人家也不來照應我了。」佛聽了這話，就說：「人家不來照應你，就由我來照應你吧！」

然後，佛就將那生病弟子的大小便等種種污穢，洗濯得乾乾淨淨，並且還將他的床鋪整理得清清楚楚，然後扶他上床。

還有一次，佛看到一位老年比丘眼睛花了，要穿針縫衣，無奈眼睛看不清楚，嘴裡叫著：「誰能替我穿針呀！」

佛聽了立刻答應說：「我來替你穿。」

我國古代經典《三字經》的開頭便是「人之初，性本善」。這在某種程度上就十分充分地對善良的價值加以肯定。的確，善良是人性中蘊藏著的一種最柔軟，但同時又是最有力量的情愫。

所謂出家人以慈悲為懷，佛法是十分注重慈善之心的，而且一直都教導人們一心向善。尤為重要的則是佛法對善良的理解往往要比我們在世俗中的理解深刻得多。佛法強調真正的善良首先應該是建立在彼此平等的基礎上。如果沒有平等，那麼便談不上善良。這正如一個高高在上的有錢人施捨一點殘羹冷飯給乞丐，這不是善良，而是憐憫。佛法中的慈悲與善良偉大就偉大在佛祖亦是以與眾生平等的地位來展示自己的慈悲與善良。

智舜禪師，唐代人，一直在外行腳參禪。有一天，他走累了，在山上的樹林下打坐歇息。突然一隻野雞倉皇地向他飛來，渾身血跡斑斑，翅膀上帶著一支箭。隨即一個獵人氣喘吁吁地追趕過來，野雞受傷逃到智舜禪師座前，禪師以衣袖掩護著這隻虎口逃生的小生命。獵人向智舜禪師索討野雞：「大師，請將我射中的野雞還給我！」

智舜禪師帶著耐性，無限慈悲地開導著獵人：「牠也是一條生命，放過牠吧！」

獵人不同意，反駁道：「我又不是和尚，才不講什麼生不生的。你要知道，我們一家老小好久沒有吃肉了，那隻野雞可以當我們的一盤美味哩！」

獵人堅持要得到那隻野雞，智舜禪師最後沒有辦法，拿起行腳時防身的戒刀，把自己的兩隻耳朵割下來，送給固執的獵人，說道：「這兩隻耳朵，夠不夠抵你的野雞？分量雖然少了點兒，味道應該不錯。你就拿回去嘗一嘗吧！」

獵人驚呆了，獵人的心被智舜禪師善良的心和慈愛行為所感化，放下屠刀，走到智舜禪師面前，表示願意追隨禪師，接受教誨。

善良是一種難得的品質，我們所能感受到的善良，有時像天使背部一片潔白輕柔的羽毛，讓人感受到溫暖，讓人感覺到希望；有時又像大力神赫拉克勒斯寬闊而結實的胸膛，讓人感到無比振奮，讓人感到擁有無比的力量。善與正直、愛心、悲憫為伍，與邪惡、陰毒、冷漠為敵，柔軟時的善良，可以融化冷傲的冰川；堅硬時的善良，可以穿透任何頑固的岩石。

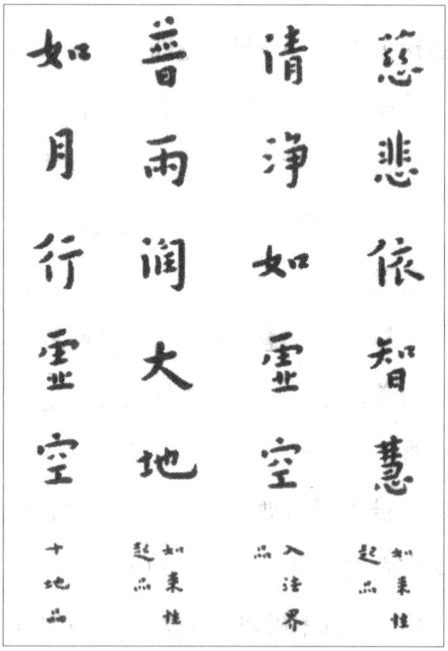

弘一大師書華嚴經聯句之一

是的，善良是人性中的至純至美，一切偽善、奸笑、冷酷、麻木在它面前都會退避三舍，任何頑固的醜惡都只能在陰暗角落裡對善良咬牙切齒。善良啊，它是酷熱中一股清涼的風，它是嚴寒裡一團溫暖的火，它是青黃不接時別人悄然送來的一擔糧食，它是久旱不雨從天而降的甘霖，它是你負重上坡時後背的推手，它是你快墜落懸崖時伸過來的一條纜繩，它是你窮困潦倒時沒有署名的一張匯款，它是你富甲一方時的一句忠告，它是你失意時幾句真誠的安慰，它是你得意時一串逆耳的話語……甚至，它只是一個真誠的淡淡的微笑。

我們心中的善良，就像雪山腳下的淙淙細流，每一滴都是聖潔純淨的雪水的聚合體。彙集成溪的善良之水，一路歡歌，蕩滌著沿途的污濁、腐朽、風塵，理直氣壯地匯入人生的江河大海。

清澈的水來自雪山之巔，人的善良來自乾淨的心底。

只有站在同一臺階上的善良才是本真的善良。

關懷到一隻螞蟻

抑余又有爲諸君言者。上所述殺牛羊豬雞鴨魚蝦，乃舉其大者而言。下至極微細之蒼蠅蚊蟲臭蟲跳蚤蜈蚣壁虎蟻子等，亦絕不可害損。倘故意殺一蚊蟲，亦決定獲得如上所述之種種苦報。斷不可以其物微細而輕忽之也。

今日與諸君相見，余已述放生與殺生之果報如此苦樂不同。

——弘一大師

佛教講慈悲，慈悲是什麼？說到底，慈悲是一種關懷，是無條件地關懷一切生命。弘一大師本人就是一個十分懂得去關懷生命的人，即使是一隻小小的螞蟻，在他的眼裡也是值得去尊重和關懷的。

佛法是十分講究「慈悲為懷」的，佛曰：「一滴水中有四萬八千蟲。」而且佛法中不殺生、眾生平等的觀念、教義都極為深刻地體現了佛法對生命的尊重與關懷。的確，生命無論多麼卑微，在這個世界上都應該有其自己的一席之地。

關懷生命並不僅僅是去關懷我們人類自身的生命，而是去關懷這世間一切具有生命的生物，哪怕是一隻小小的螞蟻，一株還沒有發芽的小草。正如著名的哲學家海德格爾所說：「人只有詩意地棲居在大地上，你才是作為人而存在的。」因此，任何一個生命都是值得我們去關懷的。

世間的生命原本是沒有任何所謂的「高、低、貴、賤」之分的，每一個生命都有著它所存在的意義與價值。

一八八九年一月三日，哲學家尼采走在大街上，看見一個馬車伕在殘暴地鞭打著一頭牲口。突然，這個神經脆弱的哲學家又哭又喊地撲在馬的身上，並死死地抱住了馬，任馬伕來不及反應的鞭子重重地落在了自己的身上，並且說道：「我受苦的兄弟啊！」從這以後，幾乎所有的人都認為尼采瘋了，但其實尼采只是在用他自己的一種方式來表達他對於生命、對於自然的責任感和形而上的關懷。一旦離開這種關懷，我們將走向淺薄和浮躁，將無法去償還自然對於我們人類的那份情義。

在基督教經典《聖經》中也記載了這樣的故事：諾亞造方舟時，耶和華對他說：「凡有血肉的動物，每樣兩個，一公一母，你要帶進方舟，好在你那裡保全生命。」當面臨天災人禍的時候，人和動物之間還會有怎樣的區別？自然之魂在上界看到的不是萬貫家產和高官厚祿，而只是蘊含著靈性的有血肉的相同的生命而已。人所感到的痛苦動物也能感到。即使人類作為高級的生命形式有支配其他動物的權力，但絕沒有任意虐殺和捕食的權力。「真正的人類美德，寓含在它所有的純淨和自由之中，只有在它的接受者毫無權利的時候它才展現出來。」如今，我們需要這樣的美德。無情未必真豪傑。經濟的發達、文明的進步更應該帶來高層次的同情和關懷。珍惜生靈，珍惜自然，珍惜我們的生存環境，也就是珍惜生命本身。

是的，對生命的關懷並非是悲天憫人的道德完善，也並非是居高臨下的施捨，它是生命對生命的一種深切的關懷。而人與自然本身便是一個不可分割的整體，自然賦予我們作為人的身份並不是讓我們凌駕於其他生命之上，而是為了讓我們更多地去關懷其他的生命，與其他的生命更加和諧、友好地相處。

哪怕只是一隻毫不起眼的小螞蟻，那也是一條生命，牠與我們人類的生命是一樣的，在本質上並沒有區別，也應該享有生命的權利和尊嚴。因此，很多時候，我們在關懷其他的生命的同時其實也是在關懷我們自身。

一個人，想要成功地做成某件事，必然會經歷各種各樣的波折，這個過程，就是一個嚴酷的考驗過程，如果不能忍受其中的痛苦，絕不會獲取成功，唯有歷經考驗的人，才能走向最終的成功彼岸。

善待他人

以前我曾居住開元寺好幾次，即住在貴院的後面，早晚聞諸生念佛念經很如法，音聲亦甚好聽，每站在房門外聽得高興。因各種課程固好，然其他學校也是有的，獨此早晚二堂課誦，是其他學校所無，而貴院所獨有的，此皆是貴院諸職教員善於教導和你們諸位努力，才有這十分美滿的成績，我希望貴院，今後能夠繼續精進努力，不斷地進步，規模益擴大，爲全國慈兒院模範，這是我最後殷勤的希望。

——弘一大師

釋迦牟尼說：「若你會發現造成傷害，就不要依此傷害別人。」佛法是十分強調與人為善的，其實，與人為善是一種莫大的智慧，要知道，在善待別人的同時往往也在善待自己。有句話說得好：「幸福並不取決於你擁有財富、權利和容貌，而是取決於你和周圍的人的相處。」因此，在我們與他人相處的時候一定要記得去善待他人。

有一位修得了阿羅漢果位的師父，一天在禪定中知道自己疼愛的徒弟只剩幾天的壽命，心想：

「這麼乖巧的孩子怎麼只剩下七天的壽命呢？真是太不幸了！不可以將真相告訴他，他小小的年紀，怎麼承受得了這樣的打擊呢？」

天一亮，師父壓抑著悲傷，將小沙彌叫到跟前說：「好孩子！你有好久不曾回家看望父母了，你收拾行李回去和父母聚一聚吧！」

不知情的小沙彌雖然感覺到師父的異樣，但是仍然高高興興地拜別了師父回家鄉去了。日子一天一天地過去，過了七天小沙彌還沒有回來，雖然斷了煩惱的阿羅漢，也難免為小徒弟的不幸遭遇而悵然傷感，心中正在為再也見不到徒弟而鬱鬱不樂時，小沙彌突然平平安安地回來了。阿羅漢大為驚訝，牽著小沙彌的手上下打量地說：

「你怎麼好好地回來了？你做了什麼事嗎？」

「沒有呀！」小沙彌迷惑地搖頭回答。

「你仔細想想看，有沒有看到什麼？做了什麼？」師父不放心地追問。

「噢！我想起來了。回家的途中，我經過一個池塘，看到一堆螞蟻被困在水中，我撿了一片葉子，把牠們救上了岸。」小沙彌如實地回答，烏黑的眸子，散發著喜悅的光芒。

師父聽了之後，馬上再進入神通之中觀看徒弟的命運：這個孩子不但去除了夭壽之相，並且有百歲的壽命。小沙彌的一念慈悲，不但救了螞蟻的性命，也改變了自己的命運。

一念之善，就改變了自己的命運，小沙彌是太幸運了嗎？顯然不是。是因為他的善念才改變自己的命運的。

生活中的你我不妨掩卷深思，如果我們能夠注重身邊的善，善待一切事與物，我們的命運也會變得更加光明。

憫物之心長存

發菩提心者，須發以下所記之四弘誓願：

一、眾生無邊誓願度：菩提心一大悲爲體，所以先說度生。

二、煩惱無盡誓願度：願一切眾生，皆能斷無盡之煩惱。

三、法門無量誓願度：願一切眾生，皆能學無量之法門。

四、佛道無上誓願成：願一切眾生，皆能成無上之佛道。

——弘一大師

在佛法的世界裡，世間萬物都是擁有生命的，所謂大千世界一花一草皆有佛性，大自然原本就是一個和諧的整體，一草一木皆為生命。世間的一切事物都在彼此的因緣際會中生生不息地存在著，存在即為合理，即使我們人類成了自然界的最高生命體，但我們依然不能去主宰大自然，因為我們也是大自然的一部分，而且也要依賴大自然而生存。

佛說一切事物都是有其佛性的，這便將所有的事物都放在了一個平等的臺階之上。這就要求我們在生活中本著一顆悲憫之心來對待生活中的一切事物。而悲憫的前提便是平等，也就是同情。何為同情？顧名思義，同情不是同樣的感情，只有當我們將自身與其他事物放在了同一高度，我們才能感它物之所感、痛它物之所痛，才能擁有與其他事物一樣的感情。

千萬不要認為沒有生命的事物就不值得去悲憫和珍惜，一個人如何對待生命以外的東西直接關係到他如何對待生命本身。因此，憫物之心的第一步便是學會去珍惜身邊的一切事物，不管是有生命的，還是沒有生命的。在這一方面，弘一大師可以堪稱是一大典範。

弘一大師是近代中國得道的高僧，他的前半生在俗，一身正氣凜然，生命可謂燦爛輝煌。他自號「二一老人」以自謙自勉，這「二一」取意古詩「一事無成人漸老」以及吳梅村的詩「一錢不值何消說」。

他的後半生出家為僧，修行境界清疏闊達，看破紅塵，放下萬緣，六根清淨，一切歸於平淡，專心學道；淡泊明志，甘守枯寂，過著一種苦行僧的清苦生活。

一九二四年，兵荒馬亂的時代，他住在寧波七塔寺。他的摯友夏丏尊邀他到白馬湖小住。他所帶的鋪蓋只是一床破席，衲衣為枕；洗臉的毛巾雖破舊而潔白。夏先生要替他換掉這些所攜之物，但弘一婉言堅拒。

他平淡地說：「還可以用，好好的，不須換了。」

夏先生帶來的飯菜，鹹了些。他又微笑著說：「這樣滿好的，鹹有鹹的滋味嘛！」

夏先生說：「你在這裡安心住好了，每天我會差人送飯來的。」

「不必了，出家人化緣是本分。」弘一大師還是婉拒。

「那麼，下雨天就讓人送飯來吧！」夏先生還是請求說。

「不用了，我到你家去好了，下雨天也不要緊，我有木屐，可走潮地，這可是我的法寶呢！」

後來，夏丏尊先生說到弘一大師，總是讚歎不已：「在他心目中，凡這個世界上的東西，都看成是寶，很是珍惜。小旅店、大統艙、破席子、舊毛巾，白菜也好，蘿蔔也好，走路也好，木屐也好，他都覺得好得不得了。人家說，這太苦了，他卻說這是一種享受，真正的享樂！」

的確，弘一大師可以稱得上是一位真正懂得並且做到了憫物的人，他對任何一件事物都是珍惜至極，並且時刻懷抱著一顆博大的悲天憫物的情懷。當然，憫物的本質一方面是珍惜，而另一方面則是對自由的一種尊重。萬事萬物在自然界原本都是應該享有自由的。而這與佛教中的放生有著異曲同工之妙。

弘一大師講述了這樣一則故事：

在《金光明經》中，就曾記載了這樣一個故事：

幾世輪回之前，佛陀曾經做過流水長者的兒子，他因為不忍心看到幾萬條魚因無水乾

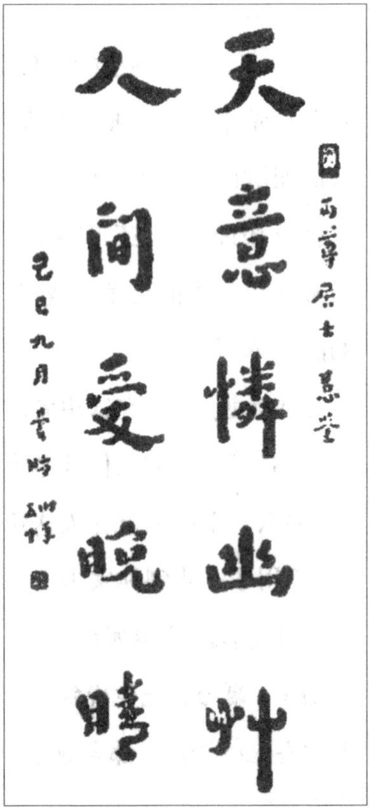

涸而死，就派遣二十多頭大象到遠處馱水過來，使那些魚保存了性命，佛陀還為那些魚說法念佛，那上萬條魚得到這些功德，當天就都死了，屍體積聚池畔，而靈魂卻上升到忉利天，享受無極的大福報。有經為證：「爾時其地，卒大震動，時十千魚，同日命終，既命終已，生忉利天。」

弘一大師說，古德云：「救人一命勝造七級浮屠。」意思便是說救人命一條的意義是非常之大的。也正因為在佛法中所有的生命都是珍貴的，都是平等的，故佛視一切眾生猶如佛子，故救一眾生即救一佛子。所以佛陀昔為流水長者子，親身示範教我們放生；歷代祖師如永明大師以錢買物放生，雖遭牢獄而不悔；智者大師合江滬六十四所為放生池，瓦三四百里；蓮池大師著戒殺放生圖文，普勸放生；近代如印光大師也都力勸大家放生。因為放生是救命的行為，是慈悲心最具體的展現，功德至大。

是的，放生可以培養我們的慈悲心腸，在放生的過程中，我們會深刻地體會到天地萬物皆平等，都是有生命的，而且都是具有佛性的。這將使得我們能夠慈悲地看待每一條生命並且懂得去加以尊重和珍惜。

因此，長存一顆憫物的心，不僅僅是一種博大的情懷，更是對人生與自然的一種理解和頓悟。我們從來都是與我們周圍的事物和自然融於一體的，對它們進行關懷，實際上也是在關懷我們自身。

大慈大悲菩提心

「菩提」二字是印度的梵語，翻譯為「覺」，也就是成佛的意思。發者，是發起，故發菩提心者，便是發起成佛的心。為什麼要成佛呢？為利益一切眾生。須如何修持乃能成佛呢？須廣修一切善行。以上所說的，要廣修一切善行，利益一切眾生，但須如何才能夠徹底呢？須不著我相。所以發菩提心的人，應發以下之三種心：

一、大智心：不著我相，此心雖非凡夫所能發，亦應隨分觀察。

二、大願心：廣修善行。

三、大悲心：救眾生苦。

——弘一大師

菩提心源自梵文，意思是「為利益眾生成佛而願成佛」，也可以簡單地翻譯為「獲致最高證悟的勇氣」。不論菩提心被視為是種純淨、不動搖的祈願，願自己與眾生皆得全然證悟及解脫；或是被理解為一種思想或態度以利益個體成長，一種哲學觀，一種想法，一種有價值的原則，菩提心都能夠生生世世地幫助我們，引領我們完成同一個目標。它讓我們一切的努力變得有意義，且意義得以不斷增進，直到我們達到覺悟為止。

有許多的比喻被用來象徵菩提心，其中之一是蓮花。在東方，蓮花被視為是最美麗、最純淨、最完美的花朵，它生長於淤泥、最髒的水中。然而，它雖然出於淤泥，卻不為淤泥所污染。這情況也發生在菩提心上面，佛陀曾在經典裡親自宣說：「世界上任何的表現，行為、外貌、行持，是善是惡，是好是壞，完全取決於它背後的目的、動機、哲學。」佛陀教示過佈施、持戒、精進等，但他最強調的仍是所謂善行、善業背後的動機。最純淨的動機就是菩提心。佛陀繼續解釋，在你升起菩提心的前一刻，你可能還是這宇宙中最壞的壞蛋，但是只要你一念升起菩提心，你就成為宇宙中最高貴、最慈悲、最珍貴的眾生了。菩提心，這純淨的動機，是非常強有力且非常重要的。

菩提心的主要因緣如同《莊嚴論》中說到的：菩提心的根本就是大悲心。月稱菩薩也同樣說到過。那麼佛陀的一切初、中、後善，一切的功德都是來自於大悲心的。大悲心的力量越強，為了眾生我必須承擔一切的責任感及清淨欲樂就會越強烈。當這種責任感越強烈的時候，所帶來的這種菩提心的力量就會越堅定，越牢固。所以菩提心的根源是來自於對眾生的愛心、悲心以及不忍眾生遭受痛苦的悲憫之心，即是由慈、悲這兩種心而產生的。

為了讓一切有情眾生能夠遠離這種痛苦和痛苦所留下的障礙，首先自己要瞭解這種痛苦，從內心、從個人去體會這種厭離心，進而才有辦法對他人生起不忍的憐憫心。要生起這種不忍憐憫的悲心，首先要讓自己完全地去愛護別人，且愛他人勝過愛自己，我們才有辦法生起這樣強烈的大悲心。有了這樣的愛心，再讓自己去體會痛苦或從他人身上體會痛苦的時候才有辦法生起這樣的悲心——大悲心！

佛陀的開示，令我們清楚地知道菩提心是所有眾生快樂與幸福的唯一源泉。悉達多太子的成佛也是基於他有菩提心。在經藏裡釋迦牟尼佛談到他的前世，他曾生於各道：人道、畜牲道、天道、地獄道等，他修持菩提心亦是經歷了許許多多「劫」，是很長很長的一段時間。直到他證悟之前不曾稍停，一步步、一世又一世地修持菩提心。有許多描寫他慈悲行的故事，稱為《本生故事》被記載下來。

這種愛他勝過愛己的菩提心，其重要和珍貴是無法形容的，菩提心的修持裡沒有一絲一毫的損害，對我們是完全的利益和完全的幫助。在空性的理論上我們會有不同的爭論及不同的意見，可對菩提心是沒有任何爭論的，也沒有任何差別或者不同意見，大家都非常喜歡菩提心。

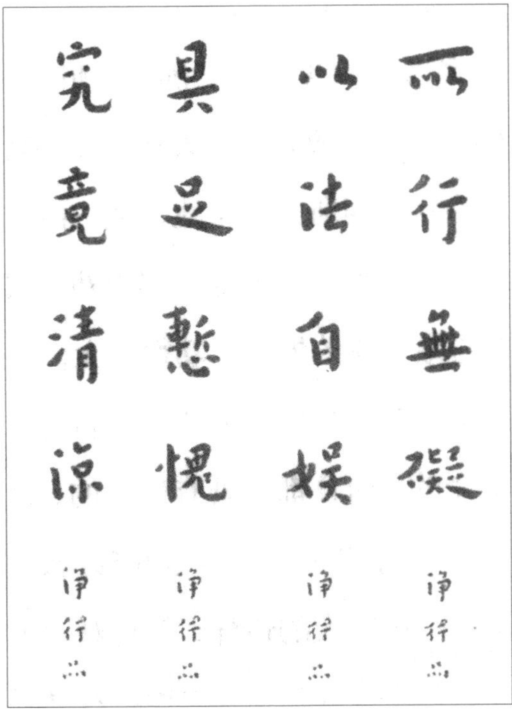

弘一大師書華嚴經聯句之一

第三章

亦如蓮花般為人

時時拂拭你的心靈

到一九三七年，我在閩南居住，算起來，全部已是十年了。回想我在這十年之中，在閩南所做的事情，成功的卻是很少很少，殘缺破碎的居其大半，所以我常常自己反省，覺得自己的德行，實在十分欠缺！

因此近來我自己起了一個名字，叫「二一老人」。什麼叫「二一老人」呢？這有我自己的根據。

記得古人有句詩：「一事無成人漸老。」

清初吳梅村（偉業）臨終的絕命詞有：「一錢不值何消說。」這兩句詩的開頭都是「一」字，所以我用來做自己的名字，叫做「二一老人。」

——弘一大師

弘一大師一直都十分注重進行自我反省，在他的著作中，他曾這樣寫道：

「到今年一九三七年，我在閩南居住，算起來，已是十年了。

「回想我在這十年之中，在閩南所做的事情，成功的卻是很少很少，殘缺破碎的居其大半，所以我常常自己反省，覺得自己的德行，實在十分欠缺！」

自省，簡而言之就是自我反省，自我檢查，以能「自知己短」，從而彌補短處，糾正過失。

力求上進的人都是重視自省的。因為他們知道，自省是認識自己、改正錯誤、提高自己的有效途徑，自省使人格不斷趨於完善，讓人走向成熟。孔子的學生曾參說，他每天從三方面反覆檢查自己：替人辦事有未曾竭盡心力之處嗎？與朋友交往有未能誠實相待之時嗎？對老師傳授的學業有尚未認真溫習的部分嗎？他就是這樣天天自省，長處繼續發揚，不足之處及時改正，最終成為學識淵博、品德高尚的賢人。

朱自清先生就是一位十分懂得自省的人，也正是因為他的一日三省而鞭策著他不斷地進步，進而成為一代師表。

朱自清先生在寫日記的時候，明確表示他的日記是「不準備發表」的。朱先生所處的年代，社會情況很糟。但似乎沒有隨便抄家的習慣。所以，朱先生也不懂「日記是禍」的道理，放心地寫去，舒舒展展，多年不輟。日記中不必遮遮掩掩，也不必矯揉造作，連對愛妻的不滿也照寫不誤。因為朱夫人也並不隨意翻檢先生的日記。這就使得日記帶有相當深度的真實，一九三二年一月十一日的日記中記有先生的噩夢：

「夢見我因研究精神不夠而被解聘。這是我第二次夢見這種事了。」

一九三六年三月十九日又記：

「昨夜是夢，大學內起騷動。我們躲進一座如大鐘寺的寺廟。在廁所偶一露面，即為入衝的學生發現。他們縛住我的手，譴責我從不讀書，並且研究毫無系統。我承認這兩點並願一旦獲釋即提出辭職。」

難得，朱先生能自省到連做夢都在對自己的所作所為進行深刻的反省，由此可見，朱先生是真正做到了孔夫子「一日三省」的要求，也難怪他最終成為中國近代教育史上的一代師表。

自省是道德完善的重要方法，是治癒錯誤的良藥，它能給我們混沌的心靈帶來一縷光芒。在我們迷路時，在我們掉進了罪惡的陷阱時，在我們的靈魂遭到扭曲時，在我們自以為是沾沾自喜時，自省就像一道清泉，將思想裡的淺薄、浮躁、消沉、陰險、自滿、狂傲等污垢滌蕩乾淨，重現清新、昂揚、雄渾和高雅的旋律，讓生命重放異彩，生氣勃勃。

自省的主要目的是找出過失及時糾正，所以自省絕不可以陶醉於成績，更不可以文過飾非。「靜坐常思己過」，以安靜的心境自查自省，才能克服意氣情感的干擾，發現自己的本來面目，捕捉到平時還自以為是的過失。

只有善於發現並且敢於承認自己的過失，才可以進一步糾正過失。我們常常看不到自己的短處，很多缺點都是通過旁人的指出才知道的。這就要求我們有一顆平常心來對待別人善意的規勸和指責，反省自己的過失。俗話說「忠言逆耳利於行」，那些逆耳忠言常常能照亮我們不易察覺的另一面。唐太宗李世民就有一面鏡子——宰相魏徵，倚助這位忠臣的當面進諫，唐太宗改正了自己的許多缺點，完善了治國之道，創造了國家的空前繁榮。這個輝煌業績的取得，不僅得益於魏徵的敢於直言，更應歸功於李世民的寬宏胸懷，試想想，如果他是一個聽不進意見的昏君，魏徵可能早就人頭落地了。正是由於他在聽了魏徵的諫言之後，能夠認真地檢討自己、反省自身，使得表面上聽起來很刺耳的意見變成了治國安邦的金玉良言，而李世民的人格也因此變得崇高起來。

自省是一次自我解剖的痛苦過程。它就像一個人拿起刀親手割掉身上的毒瘤，需要巨大的勇氣。認識到自己的錯誤或許不難，但要用一顆坦誠的心靈去面對它，卻不是一件容易的事。懂得自省，是大智；敢於自省，則是大勇。割毒瘤可能會有難忍的疼痛，也會留下疤痕，但它卻是根除病毒的唯一方法。只要「坦蕩胸懷對日月」，心地光明磊落，自省的勇氣就會倍增。古人云：「君子之過也，如日月之食焉。過也，人皆見之；更也，人皆仰之。」這句話的意思是：日食過後，太陽更加燦爛輝煌；月食復明，月亮更加皎潔明媚。君子的過錯就像日食和月食，人人都看得見，但是改過之後，會得到人們更崇高的尊敬。

曾看到過這樣一則關於自省的故事：

智者讓一個人站在鏡子前面，問他看到了什麼，這個人便回答道：「我看到了自己。」智者再問他：「你還看到了什麼？」這個人接著回答道：「什麼也沒有了呀！」

其實，絕大部分人的想法都像這個故事中的這個人的回答一樣，鏡子裡，除了自己，還會有什麼呢？而智者卻對那個人說：「除了你自己，還有鏡子，正是因為鏡子，你才能看到自己。」

原來，人是需要留一隻眼睛來自省的。

是的，自省拭心心目明。佛家云：「身是菩提樹，心是明鏡台，時時勤拂拭，何處染塵埃？」其實，在我們的現實生活中，只要我們經常自我反省，每日多擦拭心靈，就能讓我們才真、心正、意誠，從而更好地完善自我，能讓我們的心靈在時時勤拂拭的自省中保持一塵不染的潔淨狀態。

松石圖

誠心不拘泥於形式

三皈、五戒、八戒、沙彌沙彌尼戒、式叉摩那戒、比丘比丘尼戒、菩薩戒等，就普通說，菩薩戒爲大乘，餘皆小乘，但亦未必盡然，應依受者發心如何而定。我近來研究《南山律》，內中有云：「無論受何戒法，皆要先發大乘心。」由此看來，哪有一種戒法專名爲小乘的呢！再就受戒方法論，如：三皈、五戒、沙彌沙彌尼戒，皆用三皈依受；至於比丘比丘尼戒、菩薩戒，則須依羯磨文受；又如式叉摩那戒，則是作羯磨與學戒法，不是另外的戒，與上不同，再依在家出家分之。就普通說，在家如三皈、五戒、八戒等，出家如沙彌比丘等，實而言之，三皈、五戒、八戒，皆通在家出家。諸位聽著這話，或當懷疑，今我以例證之，如：明靈峰蕅益大師，他初亦受比丘戒，後但退作三皈人，如是言之，只有三皈亦可算出家人。

——弘一大師

弘一大師在回答學佛人士關於如何學佛的問題時指出，其實學佛的方法和方式是多種多樣的，而真正的學佛並不在於採取哪種外在的形式，而是在於你的內心是否很真誠。真正的皈依並不是表面上的吃齋念佛，而是內心深處充滿了佛法智慧的嚮往和濃濃的興趣，並願意潛心修習去追隨智慧。其實，只有後者才算得上是真正的皈依！

所謂的「心誠則靈」，擁有一顆真誠的心才是最重要的。一個人對他人、對事情、對信仰有沒有誠心並不是通過外在的形式來表現的。一個真正誠心的人是可以從他的舉手投足之間反映出來的，他不需要去用任何外在的東西來顯示他內心的真誠，他只需要讓心充滿真誠即可，這便也是真誠的魅力之所在。

在佛教裡，有這樣一個故事，很好地說明了誠心不在於形式而在於內心的真誠這樣一個道理。

有一回，一個衣衫襤褸的窮人來到榮西禪師面前，向他哭訴：「我們家已經好幾天揭不開鍋了，上有老，下有小，一家人眼看就要餓死了，師父慈悲，救救我們吧，我們一家人將感恩不盡，永遠記得師父的恩德……」

榮西禪師面露難色，雖然他想救這家人，可是連年大旱，寺裡也是吃了上頓沒下頓，讓他如何救這家可憐的窮苦人呢？榮西禪師一時束手無策。

突然，他看到身旁的佛像，佛像身上是鍍金的，於是他就毫不猶豫地攀到了佛像上，用刀將佛像上的金子刮了下來，用布包好，然後交給窮漢，說道：「這些金子，你拿去賣掉，換些食物，救你的家人吧！」

那個窮人看到禪師這樣，於心不忍地說道：「我這是罪過呀，逼得禪師為難！」

榮西禪師的弟子也忍不住地說：「佛祖身上的金子就是佛祖的衣服，師父怎可拿去送人！這不是冒犯佛祖嗎？不是對佛祖的大不敬嗎？」

榮西禪師義正詞嚴地回答：「你說得對，可是我佛慈悲，他肯定願意用自己身上的肉來佈施眾生，這正是我佛的心願啊，更何況只是他身上的衣服呢！這家人眼看就要餓死了，即使把整個佛身都給了他，也是符合佛的願望的。如果我這樣做要入地獄的話，只要能夠拯救眾生，那我赴湯蹈火，也在所不辭！」

盲目的崇拜權威而不能體會權威的思想，是一件可悲的事。信仰，應當體現在用行動來實踐教義上，而不必拘泥在表面形式上。

的確，真誠是發自內心的，而並非在於外在的表現形式，倘若一個人沒有誠心，即使他的外在形式表現得再好也無濟於事，人們依然能夠透過他華麗的外表看到他虛偽的靈魂；而倘若一個人充滿了誠心，但卻在形式上有些欠缺，那麼，形式上的欠缺並不能掩蓋他誠心的光芒。

一個人修佛，最重要的就是隨時隨地，身心內外，隨時有佛。這才是真正的解脫境界。誠心是每一個人在做任何事情的時候所必需的，唯有誠心待人，誠心處世，才能取得別人所不能獲得的成就。

弘一大師書華嚴經聯句之一

不經考驗，怎見功德

花繁柳密處撥得開，方見手段。風狂雨驟時立得定，才是腳跟。

——弘一大師

在弘一大師的房間裡常年掛著他的一幅書法作品，那便是一句偈語：花繁柳密處撥得開，方見手段。風狂雨驟時立得定，才是腳跟。意思是說，只有禁得起考驗的，才是最好的。

一個修佛的人要想成就正果，必須經歷千萬重的考驗，才能真正達到幸福的彼岸。

佛經中記載了這樣一則故事：

作惡多端且殺生無數的鴦掘摩，在皈依佛門、加入比丘群後，知道過去所做的惡業必定要接受上天的磨難，於是請求佛陀給他一段時間，接受身心的考驗。

他獨自前往荒郊野外，無畏於日曬、雨淋、風吹，在樹下靜坐，累了就到洞裡休息。吃的是樹根、野草，穿的是破布縫補成的衣服，甚至破爛到全身裸體。無論是煎沙煮日、霜雪嚴凍或是狂風雨露，都不能動搖他修行的心志，他可以說是苦人所不能苦、修人所不能修。

這樣的日子過了很長一段時間，有一天，佛陀告訴鴦掘摩：「你身為比丘，應該要走入社會人群。」鴦掘摩於是聽從佛陀的話，跟其他比丘一樣到城裡托鉢。

然而，人們看到他就很厭惡，不但大人辱罵他，連小孩看了都紛紛躲避。鴦掘摩向一位懷孕的婦人托缽，那婦人忽然肚子痛得哀天叫地。

鴦掘摩回到精舍，將經過告訴佛陀。「受人厭棄、咒罵，這些我都不在意，因為我以前做過太多壞事，這是我罪有應得；但是，那位懷孕的婦人一看到我，連胎兒也不得安位，我該怎麼做才能解除她的痛苦？」

佛陀要鴦掘摩再回去那戶人家，向婦人腹中的胎兒說：「過去的我已經死了，現在我重生在如來的家庭，已經守戒清淨，再也不會殺生了。」果然當鴦掘摩將此話對那位婦人反覆說了三次後，婦人腹中的胎兒就安定下來了。

此後鴦掘摩比丘走入人群托缽，仍然會被人用石頭和磚塊扔，甚至拿棍子打他，但鴦掘摩都沒有怨言，也不躲避。

有一天，佛陀看鴦掘摩全身是血，而且都青腫了，心疼地對他說：「你過去造的惡業確實很多，所以得長期接受磨煉。你要時時把心照顧好，耐心地接受這份果報。」

鴦掘摩比丘平靜地說：「我過去殺生太多、作惡多端，是罪有應得。只要我不迷失道心，即使生生世世要接受天下人的身心折磨，我都願意。」

佛陀聽了很安慰，讚歎並勉勵他自我覺悟，磨盡一切罪業。最終，鴦掘摩比丘修成了正果。

一個人，想要成功地做成某件事，必然會經歷各種各樣的波折，這個過程，就是一個嚴酷的考驗過程，如果不能忍受其中的痛苦，絕不會獲取成功，唯有歷經考驗的人，才能走向最終的成功彼岸。

佛說：「以恨對恨，恨永遠存在；以愛對恨，恨自然消失。」對待世人多一份寬容，就會多一份坦然，就會得到內心的平靜。

有容乃大

大著肚皮容物，立定腳跟做人。
度量如海涵春育，持身如玉潔冰清，襟抱如光風霽月，氣概如東嶽泰山。
人褊急，我受之以寬宏。人險仄，我待之以坦蕩。

——弘一大師

看看弘一大師所留下來的照片，我們便不難從他那開闊的眉宇間感受到他恬靜笑容裡的那份從容與開闊。的確，事實上，弘一大師就是一個為人特別寬容的人，也正是由於他對待生活、對待別人的那份寬容才讓他的笑容如此豁達。

佛說：「以恨對恨，恨永遠存在；以愛對恨，恨自然消失。」對待世人多一份寬容，就會多一份坦然，就會得到內心的平靜。

林肯總統對政敵素以寬容著稱，引起一名議員的不滿，議員說：「你不應該試圖和那些人交朋友，而應該消滅他們。」林肯微笑著回答：「把他們變成我的朋友，難道我不正是在消滅我的敵人嗎？」一語中的，多一些寬容，公開的對手或許就是我們潛在的朋友。

有這樣一個真實的故事：

第二次世界大戰期間，一支部隊在森林中與敵軍相遇，激戰後兩名戰士與部隊失去了聯繫。這兩名戰士來自同一個小鎮。

兩人在森林中艱難跋涉，他們互相鼓勵、互相安慰。十多天過去了，仍未與部隊聯繫上。一天，他們打死了一隻鹿，依靠鹿肉又艱難度過了幾天，可也許是戰爭使動物四散奔逃或被殺光，以後他們再也沒看到過任何動物。他們僅剩的一點鹿肉，背在年輕戰士的身上。這一天，他們在森林中又一次與敵人相遇，經過再一次激戰，他們巧妙地避開了敵人。就在自以為已經安全時，只聽一聲槍響，走在前面的年輕戰士中了一槍——幸虧傷在肩膀上！後面的士兵惶恐地跑了過來，他害怕得語無倫次，抱著戰友淚流不止，並趕快把自己的襯衣撕下包紮戰友的傷口。

晚上，未受傷的士兵一直念叨著母親的名字，兩眼直勾勾的。他們都以為他們熬不過這一關了，儘管飢餓難忍，可他們誰也沒動身邊的鹿肉。天知道他們是怎麼度過的那一夜。第二天，部隊救出了他們。

事隔三十年，那位受傷的戰士安德森說：「我知道誰開的那一槍，他就是我的戰友。當他抱住我時，我碰到他發熱的槍管。我怎麼也不明白他為什麼對我開槍但當晚我就寬容了他。我知道他想獨吞我身上的鹿肉，我也知道他想為了母親而活下來，此後三十年，我假裝根本不知道此事，也從不提及。戰爭太殘酷了，他母親還是沒有等到他回來，我和他一起祭奠了老人家。那一天，他跪下來，請求我原諒他，我沒讓他說下去。我們又做了幾十年的朋友，我寬容了他。」

古語有云：宰相肚裡能撐船。容納別人的人是可敬的，生命的意義在於彼此接納的和諧之中，饒恕是一種極高的美德，安德森是一名難能可貴的偉大的戰士。

揚州八怪之一的鄭板橋有句著名的話流傳至今：難得糊塗。難得糊塗是生命的一種大美，這樣的生命有著光明寬闊的胸懷。深邃的天空容忍了雷電風暴一時的肆虐，才有風和日麗；遼闊的大海容納了驚濤駭浪一時的猖獗，才有浩渺無垠；蒼莽的森林忍耐了弱肉強食一時的規律，才有鬱鬱蔥蔥。泰山不辭土，方能成其高；江河不擇細流，方能成其大。寬容是壁立千仞的泰山，是容納百川的江河湖海。

真正的接納絕非擺設與表演，也不是退卻與懦弱，真正的寬容接納正如安德魯．馬修斯在《寬容之心》中寫道：「一隻腳踩扁了紫羅蘭，它卻把香味留在那腳跟上，這就是寬恕。」

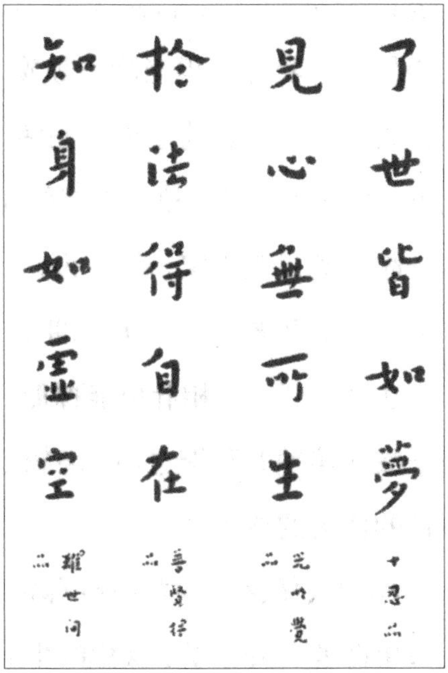

弘一大師書華嚴經聯句之一

寬容是一種美德。正如法國十九世紀的文學大師雨果曾說過的一句話：「世界上最寬闊的是海洋，比海洋寬闊的是天空，比天空更寬闊的是人的胸懷。」耶穌勸導世人「愛你的敵人」。一個人即使有壞處，那也一定有值得人同情和原諒的地方。要知道，寬恕別人所不能寬恕的，其實是一種異常高貴的行為。

寬容也是一種幸福，我們饒恕別人，不但給了別人機會，同時也贏得了別人的信任和尊敬，我們也能夠與他人和睦相處。寬容，是一種看不見的幸福。寬容更是一種財富。寬容和忍讓是人生的一種豁達，是一個人有涵養的重要表現。

寬容還是一種忍耐。雖經千年，至今仍膾炙人口的寒山與拾得的絕妙回答，就蘊含了面對人我是非的處世之道。寒山與拾得曰：世人謗我、欺我、辱我、笑我、輕我、賤我、惡我、騙我，如何處置乎？拾得云：只是忍他、讓他、由他、避他、耐他、敬他、不要理他，再待幾年你且看他。因此，忍耐不是無能、無奈，而是一低調展現出的氣度和胸懷，是對人對事的包容和接納。

所謂「海納百川，有容乃大」，古往今來，大凡有所作為的人都是具有包容心且懂得寬容的人，一個人只有容得下他人，才能更好地與他人合作，才能與他人一道成就自己的事業。

虛懷若谷

我出家以來，在江浙一帶並不敢隨便講經或講律，更不敢赴什麼傳戒的道場，其緣故是因個人感覺著學力不足。三年來在閩南雖曾講過些東西，自心總覺非常慚愧的。這次本寺諸位長者再三地喚我來參加戒期盛會，情不可卻，故今天來與諸位談談，但因時間匆促，未能預備，參考書又缺少，兼以個人精神衰弱，擬在此共講三天。今天先專爲求授比丘戒者講些律宗歷史，他人旁聽，雖不能解，亦是種植善根之事。

謙退是保身第一法，安詳是處世第一法，涵容是待人第一法，恬淡是養心第一法。

——弘一大師

弘一大師雖然一生都名譽相隨，但他一直都是一個很謙遜的人。他曾這樣真實地記錄了他在一次講課前的內心感受：我出家以來，在江浙一帶並不敢隨便講經或講律，更不敢赴什麼傳戒的道場，其緣故是因個人感覺著學力不足。三年來在閩南雖曾講過些東西，自心總覺非常慚愧的。這次本寺諸位長者再三地喚我來參加戒期盛會，情不可卻，故今天來與諸位談談，但因時間匆促，未能預備，參考書又缺少，兼以個人精神衰弱，擬在此共講三天。

自古以來，人們便把「虛心使人進步，驕傲使人落後」作為至理名言並不是沒有道理的。謙虛是一個人正確地對待自己、正確地對待別人的重要道德要求，其本質特徵是實事求是的真誠，而不是矯揉造作。對於自己富有自我批評的精神，在工作、學習上能把成績當做新的起點不斷前進，並且能在與人交往之中寬以待人，以人之長來補己之短，從而不斷地進行自我完善。

美國心理學家盧維斯曾給謙虛下了如下一個定義：「謙虛不是把自己想得很糟，而是完全不想自己。」這個定義似乎很有中國文化的味道：既然不把自己想得太好，自然也就不會把別人想得很糟。它與驕傲恰恰相反，指的是對自己有自知之明，承認自己的缺點和不足，居功不驕，對人能知其所長，虛心好學。

科學家牛頓在聽到有人稱讚自己時，曾說：「在我自己看來，我只不過是在海邊玩耍

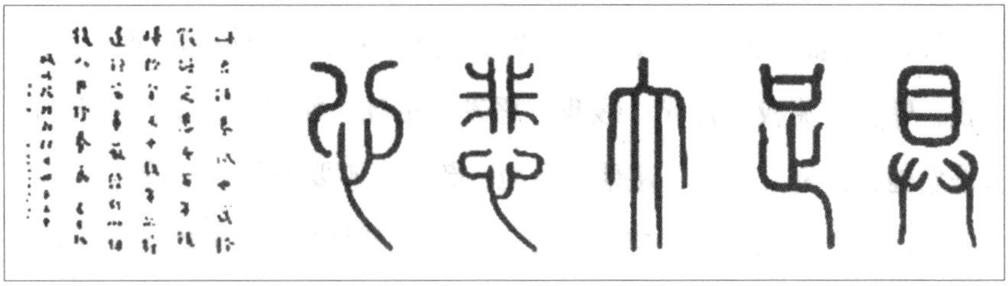

的小孩，為不時發現比尋常更美麗的貝殼而沾沾自喜，而對於我面前浩瀚的大海，卻全然沒有發現。」既而牛頓定律的確立，萬有引力的發現，微積分的創建，他畢生不懈，卻毫不滿足。

巴西球王比利在每次進球後，別人問他哪個球踢得最漂亮時，他總說：「下一個！」最終獲得「球王」的稱號。

有真才實學的人往往虛懷若谷，謙虛謹慎；而不學無術，一知半解的人卻常常驕傲自大，好為人師。

李劍秋被請到清華執教武術，聲名逐漸傳開，而且每月能拿一百多塊現大洋，這讓西苑一帶習武的人對他很不服氣。

有一天，兩個中年人來到清華體育館，指名要會一會李劍秋。李劍秋意識到來者不善，便從樓上下來，以禮相見，說自己沒有什麼本事，在這裡不過是為了生計，請二位高抬貴手。這二人哪肯甘休，非得分個高低不可，並說：「如果能勝我們哥兒倆，從此再不會有人來找麻煩；如果不能勝，那就對不起，請你捲舖蓋走人。」李劍秋無奈，只好請他們上樓。只見其中一人一縱身，抓住鐵窗護欄腿一勾，就從敞開的窗戶翻入二樓（裡面就是李劍秋平時給學生上課和訓練用的武術廳）。李劍秋點了點頭，便陪另一個沿梯上樓也進了大廳。他讓工役獻茶給二人，並再次請求不要比了，二人仍不答應。尤其是那個從窗戶進來的，更是耐不住了，連發怒語相激。李劍秋只好同意比試，並問怎樣比法。那個從窗戶進來的搶先出招，但一交手，就被李劍秋摔倒，半天爬不起來。另一個見狀，擰著眉頭把他拉起來。李劍秋意識到一場惡戰不可避免，絲毫不敢大意，暗中做好準備，但表面仍露出毫不在意的樣子。果然，那人出手便施絕技，用的是「八卦連環」，不讓李劍秋有還手的機會，把李劍秋逼得步步後退，一直退到臀部挨到一張桌子。為使李劍秋既不能起跳，也不能左右躲閃，那人便用一招「雙鋒貫耳」，雙拳奔李的太陽穴，下面也做好準備，待李劍秋下蹲進抬腿踢其襠部。李劍秋意識到這是要命之招，便也施絕技。李劍秋作出不再躲閃、靜等挨打的樣子。看著雙拳已到耳根，就聽「刷」的一聲，李劍秋不見了。那人剛一愣神，就見李劍秋從桌子後面站起來，合併雙掌大喝一聲，隔著桌子狠撲過來。手未挨身，就見那人「噔、噔、噔……」連連後退，最後重重地摔在牆上。李劍秋後來對人說，這就是形意絕技「虎撲式」。他當時只用了六成勁兒，如果用八九成，那人就得吐血；用十成，那人就得喪命。當時那人羞愧地和另一個互相攙扶著離開了清華園。從那以後，果然再也沒有人來找李劍秋的麻煩了。

還是先哲們說得好「謙受益，滿招損」。只有謙虛的人才會經常發現自己的不足，不斷得到各方面的指導和幫助，使自己不斷進步。山不辭石固能成其高，海不辭水方能成其深。正如別林斯基所說：「一切真正偉大的東西，都是最純樸而謙遜的。」謙虛是一種品德，是進取和成功的必要前提。

寬容也是一種幸福，我們饒恕別人，不但給了別人機會，同時也贏得了別人的信任和尊敬，我們也能夠與他人和睦相處。

欲取先予

造善業者，因其造業輕重而生於阿修羅人道欲界天中。所感之餘報，與上所列惡業之餘報相反。如不殺生則長壽、無病等類推可知。

由是觀之，吾人欲得諸事順遂，身心安樂之果報者，應先力修善業，以種善因。若爲一心求好果報，而絕不肯種少許善因，是爲大誤。譬如農夫，欲得米穀，而不種田，人皆知其爲愚也。

故吾人欲諸事順遂，身心安樂者，須努力培植善因。將來或遲或早，必得良好之果報。古人云：「禍福無不自己求之者」，即是此意也。

——弘一大師

弘一大師在談到善惡果報時，認為人的事情之所以做得順利，能得到很多人的幫助，是因為這個人以前做過很多好事，也幫助過別人。因此，若想得到好的果報，而不肯先付出是不可能的。這就正如農夫種地，若想有好的收成而不先辛勤種地，可能嗎?!所以，我們若想事情有好的結果，那麼我們也應該先付出，這樣才會有相應的收穫。

我國古代著名的思想家老子就曾在他的《道德經》中說過：「將欲去之，必固舉之；將欲奪之，必固予之。」後兩句的意思就是說：想要奪取它，就必須首先給予它。相對於給予而言，我們更習慣、更樂意於去奪取，但是，天下沒有免費的午餐，沒有付出，又談何回報呢？

一般來說，人總是想得到，而不想付出的。但實際上，世界上沒有這麼簡單的事情。當你需要別人幫忙時，或者說需要別人在未來幫你忙時，你也應該給予別人以幫助，這才是真正體現互惠互利原則的。的確，正如大自然的規律一樣先播種、施肥，然後才能有收穫，要想得到也就必須先進行辛勤的付出。

「取」與「予」之間並不是相互對立的，如果我們只是一味地想去索取，那麼，我們將活在地獄；倘若我們懂得「先予而後取」的道理，那麼，我們便生活在天堂。或許，天堂與地獄的差別也就在於此。

有人和上帝在談論天堂和地獄的問題。上帝對這個人說：「來吧，我讓你看看什麼是地獄。」他們走進一個房間，屋裡一群人正圍著一大鍋肉湯。每個人看起來都營養不良，絕望飢餓。他們每個人都有一隻可以舀到鍋裡的湯勺，但湯勺的柄比他們的手臂還長，自己沒法把湯送到嘴裡，他們看上去是那樣的悲哀。

「來吧，我再讓你看看什麼是天堂。」

上帝把這個人領入另一個房間。這裡的一切和上一個房間沒什麼不同。一鍋湯、一群人，一樣的長柄湯勺，但大家都在快樂地歌唱。

「我不懂，」我個人說，「為什麼一樣的待遇與條件，他們快樂，而另一個房間的人們卻很悲哀呢？」

上帝微笑著說：「很簡單，在這裡他們會餵別人。」

天堂與地獄的區別就是生活在天堂的人知道「欲取先予」，而生活在地獄的人只懂得「各取所需」。

可見助人才能助己，生存就是生活。一個不懂得與他人合作的人就等於把自己送進了地獄。

送人玫瑰之手，歷久猶有餘香。所謂「捨得」，有「捨」才能有「得」。一個人只有先給予別人，然後才能夠有所獲得，這才是真正有德行的表現。

謙退是保身第一法，安詳是處世第一法，涵容是待人第一法，恬淡是養心第一法。

遇謗不辯

是到了今年，比去年更不像樣子了，自從正月二十到泉州，這兩個月之中，弄得不知所云。不只我自己看不過去，就是我的朋友也說我以前如閑雲野鶴，獨往獨來，隨意棲止，何以近來竟大改常度，到處演講，常常見客，時時宴會，簡直變成一個「應酬的和尚」了，這是我的朋友所講的。啊！「應酬的和尚」，這五個字，我想我自己近來倒很有幾分相像。

——弘一大師

弘一大師在世時經常喜歡對弟子們說的一句話便是：「遇謗不辯」，並且一再地告誡弟子們在面對誹謗時一定要保持應有的理智。在當時有一段時間，弘一大師就因為忙於應酬而被人冠之以「應酬的和尚」這五個字，但他並沒有去辯解什麼，而是一方面檢討自己，一方面對此保持了沉默。弘一大師的這種方式無疑為我們提供了一種解決問題的方法。

真正有修養的人，即使在面對誹謗時也是極其有君子風度的。所謂濁者自濁、清者自清，遇謗不辯，誹謗最終會在事實面前不攻自破的。

有位修行很深的禪師叫白隱，無論別人怎樣評價他，他都會淡淡地說一句：就是這樣嗎？

在白隱禪師所住寺廟旁，有一對夫婦開了一家食品店，家裡有一個漂亮的女兒，有一天，夫婦倆發現尚未出嫁的女兒竟然懷孕了。這種見不得人的事，使得她的父母震怒異常！在父母的一再逼問下，她終於吞吞吐吐地說出「白隱」兩字。

她的父母怒不可遏地去找白隱理論，但這位大師不置可否，只若無其事地答道：「就是這樣嗎？」孩子生下來後，就被送給白隱，此時，他的名譽雖已掃地，但他並不以為然，只是非常細心地照顧孩子。他向鄰居乞求嬰兒所需的奶水和其他用品，不免橫遭白眼，或是冷嘲熱諷，他總是處之泰然，彷彿他是受託撫養別人的孩子一樣。

事隔一年後，這位沒有結婚的媽媽，終於不忍心再欺瞞下去了，她老老實實地向父母吐露真情：孩子的生父是在魚市做生意的一位青年。

她的父母立即將她帶到白隱那裡，向他道歉，請他原諒，並將孩子帶回。

白隱仍然是淡然如水，他只是在交回孩子的時候，輕聲說道：「就是這樣嗎？」彷彿不曾發生過什麼事；即使有，也只像微風吹過耳畔，霎時即逝！

白隱為給鄰居女兒以生存的機會和空間，代人受過，犧牲自己的清白，受到人們的冷嘲熱諷，但是他始終處之泰然，只有平平淡淡的一句：「就是這樣嗎？」

在現實生活中，口舌之交是人際溝通中最重要的一種方式。在這個溝通過程中，言來言去，自難免失真之語。誹謗就是失真言語中的一種攻擊性惡意傷害行為了。俗話云：明槍易躲，暗箭難防。也許，在很多時候，誹謗與流言並非我們所能夠制止，有人群的地方就有流言。而我們對待流言的態度則顯得尤為重要，正如美國總統林肯所說：「如果證明我是對的，那麼人家怎麼說我就無關緊要；如果證明我是錯的，那麼即使花十倍的力氣來說我是對的，也沒有什麼用。」這與弘一大師對待誹謗的態度——遇謗不辯，是如出一轍。

此時無聲勝有聲，當誹謗已經發生，我們去一味地爭辯，其結果往往會適得其反，不是越辯越黑便是欲蓋彌彰。還是魯迅先生說得好：積毀可銷骨，空留紙上聲。的確，對付誹謗最好的方法便是保持謙默，讓清者自清而濁者自濁。

佛陀教導弟子，不要妄生「嗔」念，其實就是不要和別人計較太多，太計較就會平添怨氣，那煩惱就會不請自來，更何談清靜無為？弘一大師對別人的閒言碎語從不予以辯護，其實正是修養的功夫所在。一個人，如果能夠將外界的閒言碎語當做耳邊的一陣風一樣，任它吹來，任它吹去，不為所動，就會省卻很多煩惱，擁有一個清靜圓滿的人生。

弘一大師書華嚴經聯句之一

心存感激

我在泉州草庵大病的時候，承諸位寫一封信來，各人都簽了名，慰問我的病狀，並且又承諸位念佛七天，代我懺悔，還有像這樣別的事，都使我感激萬分！

——弘一大師

「感恩」是一個外來詞，「感恩」二字，在牛津字典中的注解是：「樂於把得到好處的感激呈現出來且回饋給他人。」「感恩」是一種認同，是對世界萬物一花一草的深切認同，「感恩」更是一種回報。當我們從母親的子宮裡走出來以後，母親用乳汁將我們哺育成長，給予我們無私的母愛。那麼，我們更應該懂得去珍惜和回報這份恩賜、這份愛。

弘一大師在泉州草庵大病的時候，曾有人給他寫了一封慰問信，言辭十分懇切，字裡行間充滿了關懷，而且朋友們還一起簽了名，並為他的病情進行祈禱。這一切令病中的弘一大師十分感動，以至於很多年後，弘一大師依然常常為此事而感謝他的朋友們。

是的，人是需要懂得「知恩圖報」的，感恩的第一步便是知恩，只有先知恩了，才能去報恩。這也是我們人類與生俱來的本性，是一個人不可磨滅的良知。

一個獵人上山打獵，看見一頭狼臥在山坳裡，當他舉起獵槍瞄向狼的時候，狼站起來沒跑卻又臥在那裡，獵人不明，近前一看，發現是隻懷孕的母狼，而且顯得有些可憐，狼看著獵人像是在乞求獵人饒牠不死。原來這隻狼一條腿折了。獵人心軟了下來，不但沒有殺牠，還將牠的折腿進行了敷藥包紮。

冬天到了，一場大雪封住了家門，獵人一連好多天無法上山打獵。一天夜裡，獵人聽到自家靠山根的後院裡，「撲通、撲通」的，像是有人往院裡扔東西。第二天，獵人開門一看，院裡扔了幾隻野兔和山雞。以後每逢下大雪不能出山的時候，都是這樣，原來是狼在報恩。

動物尚且知道「知恩圖報」，人在接受了別人的幫助以後更是應該懂得去感恩。俗話說：「受人滴水之恩，當以湧泉相報。」對父母的養育之恩、朋友的幫助、兄弟的關心，乃至於大自然所給予的一切，我們都應該要心懷無限的感激之情，對有恩於自己的人和事而言理應至此。要知道，懂得感恩是人的一種美好而優秀的品質。

對人生、對大自然的一切美好的東西，我們要心存感激，則人生就會變得美好許多。

佛法是十分注重慈善之心的，而且一直都教導人們一心向善。尤爲重要的則是佛法對善良的理解往往要比我們在世俗中的理解深刻得多。佛法強調眞正的善良首先應該是建立在彼此平等的基礎上的。如果沒有平等，那麼便談不上善良。

第四章

洞穿事事背後的佛理

掃地亦是修行

《根本說一切有部毗柰耶雜事》云：世尊在逝多林。見地不淨，即自執帚，欲掃林中。時舍利子大目犍連大迦葉阿難陀等，諸大聲聞，見是事已，悉皆執帚共掃園林。時佛世尊及聖弟子掃除已。入食堂中，就座而坐。佛告諸比丘。凡掃地者有五勝利。一者自心清淨。二者令他心清淨。三者諸天歡喜。四者植端正業。五者命終之後當生天上。

佛經中記載了這樣一個故事：

釋迦牟尼在一個叫逝多林的地方，看見地上不是很乾淨，於是立即自己拿起掃帚，準備清掃。這時，佛祖的弟子舍利子大目犍和大迦葉阿難陀等都聞訊趕了過來，看到佛祖親自掃地，於是大家都紛紛效仿佛祖，一起掃地。掃完後，佛祖和眾弟子便一起來到了食堂，坐了下來。這時，佛祖說道：其實，掃地有至少五種好處，一是可以讓自己的心更加清淨，二是可以讓他人的心更加清淨，三是可以方便大家，四是可以讓勞動成為一種習慣，五是熱愛勞動是一種良好的品德。

將掃地當作一種修行，把掃地和修行完全結合起來的方式，是效仿釋迦牟尼佛的行為。

釋迦牟尼身為太子時即聰慧過人，孔武有力，並完成了語言、文學、哲學、數學、天文、技藝、軍事等學科的學習，成績優異。卻為了追求人生真理與生死解脫，毅然捨棄王位的尊榮，衝出五欲享樂的牢籠，出家參學，甚而赴雪山歷經六年苦行。當發現印度盛行的苦行並非解脫之道時，遂下山於菩提樹下立下誓願，若不悟道不起於座。七日後終於悟道成佛。成佛後他不是自圖清寧，而是悲憫沉溺於生老病死苦海，貪、嗔、癡三毒熾盛、陷於邪知邪見迷霧之中的芸芸眾生，便不辭艱辛遊化五印，廣泛接觸、化導社會各階層人士。其弟子不僅有王公、大臣、后妃，也有屠戶、妓女、土匪與奴隸；不僅有博學之士，也有數月學不會一偈的文盲；不僅有德高望重的老人，也有頑皮的童子。他組建起一千多人的龐大僧團，雖深受弟子們的推崇尊敬，卻從不以統攝者自居，說「我亦在僧數」、「我不攝受眾」。他不僅給弟子們以言教，還予以身教。如服侍病比丘洗滌；給盲比丘穿針；為弟子裁衣；向小比丘懺摩（意思是說請你容恕我）；或掃地或汲水或修房，完全將修行與人間生活有機地結合起來。這才有佛教大行於天下的前因後果。

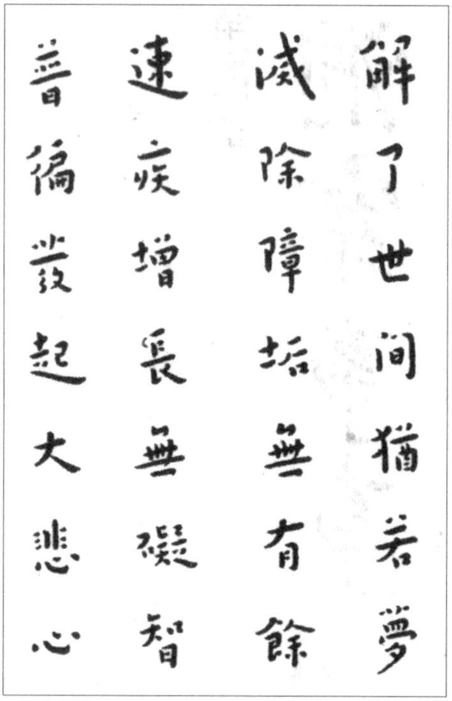
解了世間猶若夢
滅除障垢無有餘
速疾增長無礙智
普徧發起大悲心
弘一大師書華嚴經聯句之一

所謂佛法，如果能活用，好比苦海的舟航，黑夜的明燈，更是救世的良方。修佛不必非要到深山老林，只要你有心，隨時隨地就可以。

不要看不起眼前不起眼的小事，只要你有心，在小事中磨煉自己，照樣可以修成佛法。掃地亦是修行，這是每一個修佛者必須謹記在心的真理。

佛最大的智慧便在於敢於面對人生現實、正視人生的現實，但它並不是消極地看待人生的現實，而是指出人類自身可以從苦中得以解脫，運用智慧來達到人生的圓滿。

有輕重便有取捨

不可閒談、不晤客人、不通信（有十分要事，寫一紙條交與護關者）。

凡一切事，盡可以出關後再料理也，時機難得，光陰可貴，念之！念之！

余既無道德，又乏學問。今見仁者以誠懇之意，諄諄請求，故略據掘見拉雜書此，以備採擇。性常關主慧察。

——弘一大師

可以說，弘一大師用他出家這樣一種行為淋漓盡致地表現出了他對於取捨的理解。有取就有捨，而有捨才有得。我們往往只是看到了他捨去世俗的榮華富貴和榮譽地位，但我們卻忽略了他捨棄這些東西背後所得到的比這些東西更加珍貴的東西。那便是無窮的智慧和人生那種寧靜而豁達的境界。

《聖經》中有這樣一句話：人降臨世界的時候，手是合攏的，似乎在說：「世界是我的。」他離開世界時的手是張開的，彷彿在說：「瞧哪，我什麼都沒有帶走。」是的，其實人生就是一連串取捨的過程，有取就有捨，有捨才有得。懂得取捨，是人生的一種境界。

《金剛經》有文：「法尚應捨，何況非法。」這種大徹大悟很難有人得到，捨得也好，取捨也好，最高境界恐怕不是你在權衡了各種利弊得失之後，作出的一種判斷，而是在你看薄了名利，看薄了自己，看薄了世間一切「法」的程度上，一種隨意的「捨」。這種捨，還是捨棄了你視為珍重的、費盡心力得到的、追求一生的「法」這個層面的東西。的確「捨」掉「取捨」，比你判斷後作出的取捨還難。

這，也許便是取捨的最高境界。人生的高度是一份知足的恬然，生命的高度，是能取能捨，當取則取，當捨則捨，善取善捨的那份安然。很多時候，人們嚮往去取得，並且認為多多益善。然而，「取」的前提必定是先「捨」，只有「捨」，才能「得」。

一個孩子到果園去，看見爺爺正在梯子上劈嚓劈嚓地把果樹上的一些枝條剪下來，小孩拿起一根枝條，說：「爺爺，它們長得好好的，你把它們剪掉多可惜！」爺爺說：「傻孩子，剪掉它們果樹才能長得更好呢！」可不剪難道就不能長得好嗎？

一樹健康的枝所代表的不就是一棵強健的樹？的確，樹缺不了枝。然而樹卻不能多枝，尤其是一棵需要結果的樹。

果樹的枝能撐起它的靈魂，然而也會消耗它的生命養料。取捨就起了決定性的作用。

蚌捨棄安逸，才擁有了孕育珍珠的權利；種子放棄花朵，才擁有了孕育春天的資格。千古豪傑捨家為國，才垂青於史冊；無數仁人志士捨生取義，才有了巍巍中華。取與捨在自然的蕩滌中，展現並昭示了生命的高度，數千年的白駒過隙，無數次的金烏西墜，消磨掉了歷史的棱角，打磨出中華文明不朽的生命之碑。

生命的高度是平凡人所遠離，卻又為世人崇敬的高度。哪怕至惡之人也不免因「我輩不義之人而入有意之國」而遁去，儘管生命之碑前僅站著手無寸鐵的荀巨伯……而今，就博物學家在廣遊天下景觀之時，都不禁稱譽自然與人類取捨的異曲同工。

取，便是一捨清澈的水，只那一捨，便無需再希冀天上的銀河。捨，就是一抖那背上的重負，只那一抖，便使你我得以仰望浩瀚的藍天。但人生在這一取一捨之間，生命在無限地昇華，並且擁有了自己的高度。

的確，取捨對於人生來說是至關重要的，魯迅棄醫從文，改變了他的一生，開始了他的文學創作，如果當初他不做出這樣的取捨，他可能只是位醫人治病的醫生而已，成不了一代文豪。

成功的人之所以能成功，是因為他們知道該做什麼、不該做什麼；什麼應該去堅持，而什麼又該去捨棄。

佛陀感歎世人「顛倒」，因爲世人只執著於「有」，而不知道「空」的無窮妙用；總是被外在的、有形的東西所迷惑，而「看不見」內在的、無形的本性和生活，其實那才是更寶貴的明珠。

一心不能二用

問：聞密宗學者云，若惟修淨土法門，念念求生西方，即漸漸減短壽命，終至夭亡。故修淨業者，必須兼學密宗長壽法，相輔而行，乃可無慮。其說確乎？

答：自古以來，專修淨土之人，多享大年，且有因念佛而延壽者。前說似難信也。又既已發心求生西方，即不須顧慮今生壽命長短，若顧慮者必難往生。人世長壽不過百年，西方則無量無邊阿僧祇劫。智者權衡其間，當知所輕重矣。

——弘一大師

曾有修行佛法的人問弘一大師是否可以在修煉律宗的同時兼修密宗？弘一大師則解釋說人在同一個時間只能做好一件事情，我們也只有將有限的時間和精力都投入到一件事情上才能將這件事情做到最好。任何一個宗派要修煉到一定的境界都是很不容易的，需要我們全身心地投入，在做一件事情的同時又做另一件事情的結果則只能是兩件事情都做不好。因此，一心是不能二用的。

有這樣一則故事：

故事的主人公是日本江戶時期的一個著名的茶師，這個茶師跟隨著一個顯赫的主人。有一天主人要去京城辦事，捨不得離開茶師，就說，你跟我去吧，好每天給我泡茶。那可是一個社會很不穩定的時期，浪人、武士依恃強力橫行無忌。

茶師很害怕，對主人說，您看我又沒有武藝，萬一路上遇到點事可怎麼辦？

主人說，你就拿上一把劍，扮成武士的樣子吧。

茶師只好換上武士的衣服，跟著主人去了京城。

一天，主人去辦事，茶師就一個人在外面。

這時迎面走來一個浪人，向茶師挑釁說，你也是武士，那咱倆比比劍吧。

茶師說，我不懂武功，只是個茶師。

浪人說，你不是一個武士而穿著武士的衣服，就是有辱尊嚴，你就更應該死在我的劍下！

茶師一想，躲是躲不過去了，就說，你容我幾小時，等我把主人交辦的事做完，今天下午我們在池塘邊見。

浪人想了想答應了，說那你一定要來。

這個茶師直奔京城裡面最著名的大武館，他看到武館外聚集著成群結隊的前來學武的人。茶師分開人群，直接來到大武師的面前，對他說，求您教給我一種作為武士的最體面的死法吧！

大武師非常吃驚，他說，來我這兒的所有人都是為了求生，你是第一個求死的。這是為什麼？

茶師把與浪人相遇的情形複述了一遍，然後說，我只會泡茶，但是今天不能不跟人家決鬥了。求您教我一個辦法，我只想死得有尊嚴一點。

大武師說，那好吧，你就為我泡一次茶，然後我再告訴你辦法。

茶師很是傷感，他說，這可能是我在這個世界上泡的最後一次茶了。

他做得很用心，很從容地看著山泉水在小爐上燒開，然後把茶葉放進去，洗茶，濾茶，再一點一點地把茶倒出來，捧給大武師。

大武師一直看著他泡茶的整個過程，他品了一口茶說，這是我有生以來喝到的最好的茶了，我可以告訴你，你已經不必死了。

茶師說，您要教給我什麼嗎？

大武師說，我不用教你，你只要記住用泡茶的心去面對那個浪人就行了。

這個茶師聽後就去赴約了。浪人已經在那兒等他，見到茶師，立刻拔出劍來說，你既然來了，那我們開始比武吧！

茶師一直想著大武師的話，就以泡茶的心面對這個浪人。

只見他笑著看定了對方，然後從容地把帽子取下來，端端正正放在路邊；再解開寬鬆的外衣，一點一點疊好，壓在帽子下面；又拿出綁帶，把裡面的衣服袖口紮緊；然後把褲腿紮緊……他從頭到腳不慌不忙地裝束自己，一直氣定神閑。

對面這個浪人越看越緊張，越看越恍惚，因為他猜不出對手的武功究竟有多深。對方的眼神和笑容讓他越來越心虛。

等到茶師全都裝束停當，最後一個動作就是拔出劍來，把劍揮向了半空，然後停在了那裡，因為他也不知道再往下該怎麼用了。

此時浪人「撲通」就給他跪下了，說，求您饒命，您是我這輩子見過的最有武功的人。

這位茶師使用了什麼方法使自己保命的呢？其實就在於他的一心一意，他氣定神閑地面對浪人，一點都不驚慌，正是這種精神的力量使他看起來不可戰勝。

茶師憑藉自己的一心一意保住了性命，同時也告訴我們，一個人在面對任何事情的時候，如果能夠一心一意，不一心二用，就一定會達到至高無上的境界，成為世人的典範。

一心不能二用，上天只賜予我們一顆心，只要我們用這一顆心去做一件事，沒有不能成功的。但很多人卻一輩子都不能成功，這是為什麼呢？原因就在於，他並沒有一心一用，而是一心多用，即使再聰明的人，又怎麼會獲得成功呢？

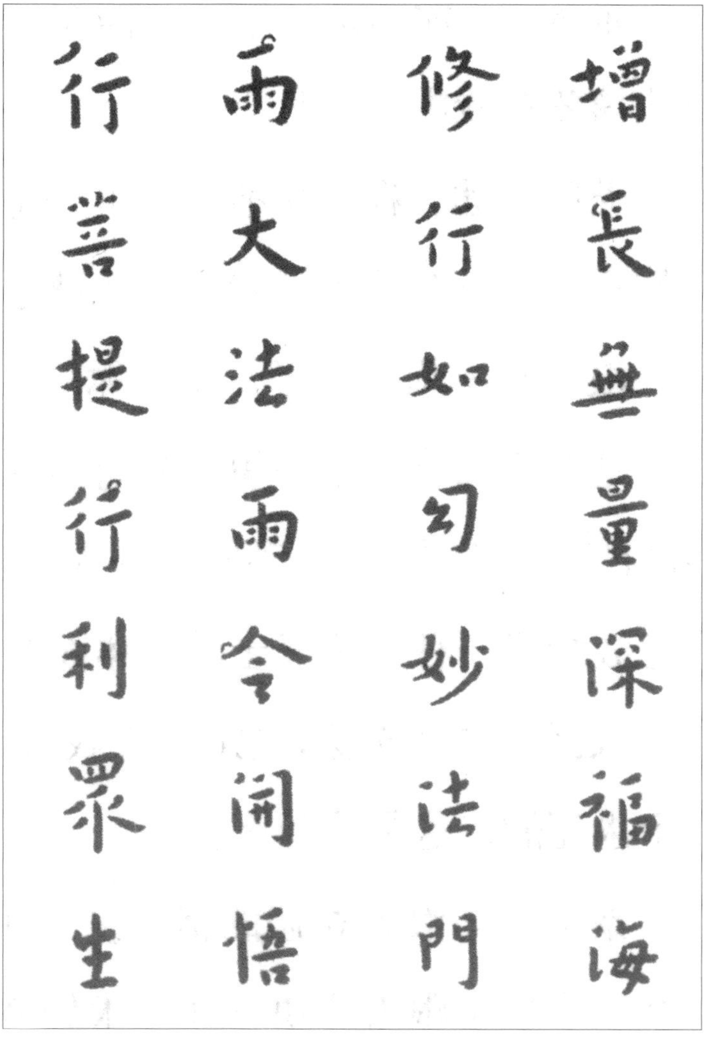
增長無量深福海
修行如幻妙法門
雨大法雨令開悟
行菩提行利衆生

弘一大師書華嚴經聯句之一

利他方能利己

佛法從緣起論的觀點來看，認爲利他方能自利，害人實際是在害己。敬人者，人敬之；愛人者，人愛之；損人者，人損之；欺人者，人欺之。所以，我們應該做到自利利他，不可損人利己。這也正如印光法師所說：「禍福無門、唯人自召。善惡之恨，如影隨形。利人即是利己、害人甚於害己。」

——弘一大師

弘一大師出家以後，一直將利他的菩提心放在第一位。他時刻不忘告誡世人，一個人只有學會利他，才能真正利己。

從前印度有一位國王，是個行菩薩道、大慈大悲的國王。不論是誰，只要有求於他，都可遂意，遠地的人，也都知道有一切施王這麼一個人。

在他的鄰國，有一個婆羅門子，父親去世了，只剩母親和姐姐，三個人相依為命，生活貧窮。有一天，母親叫兒子去向一切施王求乞，希望得到幫助。

可是，這時的一切施王，正遭遇到最困難的時候，鄰國的國王，殘暴不仁，又貪得無厭，他帶著大隊兵馬進攻一切施王的國境，想佔據那個城池。

朝中的大臣們，天天為這件事憂愁、思慮，但是，一切施王卻像平日般，若無其事地辦著事。

翌日，鄰國的大軍開到了城下，城裡像沒有事般的平靜，大軍絲毫不受阻，長驅直入，很快地便佔有了這個城池。原來一切施王得知大軍到來，他為了不讓百姓受到無謂的損害，已於前日半夜，留下印綬，換了便裝，悄悄地離開王宮，出城他去了。他想把城池奉獻給鄰國，只要不傷害百姓。

可是，貪得無厭的暴王，雖不費吹灰之力就得到了一座城池，但卻不見了一切施王，他想斬草除根，怕以後發生麻煩，因此出了重金懸賞，只為捉拿一切施王。

一切施王離開王宮以後，一直往荒郊野外走去，大約走了五百里路的地方，他遇見了那奉母親之命前來求乞的婆羅門子。一切施王得知了小孩的遭遇後，甚表同情。他也把自己的遭遇說給小孩子聽，小孩子很受感動，痛哭流涕，一切施王安慰他，並答應他，滿足他的希望。

可是小孩子很懷疑，他想到一切施王身無一物，如何幫助他呢？

一切施王平靜地說：「鄰國國王雖然得到我的國土，但他現在正出重金來捉拿我。你可以把我殺了，拿了我的首級去換取重賞。」

小孩子不忍心那麼做，一切施王教他割截耳朵或鼻子送了去也可以，小孩子也不忍心，最後一切施王說：「你不肯殺我，也不肯傷我，那麼，唯一的辦法就是把我縛起來，押送過去，總可以了吧？」

小孩子年幼無知，覺得這樣很好，便照著一切施王的話去做。兩個人一起向城裡走來，到了城外約二里路光景，一切施王教小孩子將自己縛起來，進入城內。

這時，城中的百姓，看到一切施王被捆縛押著回來，大家都悲傷不已！

有人把一切施王被縛的消息傳給暴王，暴王喜出望外，隨即命人帶進宮裡。當大臣們看到被縛的一切施王時，都伏地痛哭，聲音極其悲涼，情景甚為感人，暴王也不由得動心，他問大臣們道：

「你們為什麼這樣悲傷？」

「大王！請您原諒我們的失禮吧！我們看到這位一切施王，他不但丟棄了國家和王位，現在更把他的身體生命佈施給人，而他一點也不覺得懊悔，他的行為實在偉大，因此，我們被感動得情不自禁！」

暴王聽了大臣們這麼說，殘暴的心漸漸地平息下來。當他又聽小孩子敘述他的遭遇情形後，暴王深深感動，他跪倒在一切施王面前，把印綬、國土全部歸還給他。並且說：「我得到你的國土，但我沒有得到你的民心；你雖把一切都甘願施捨，但你擁有最寶貴的人心，現在我明白了，用暴力獲得的東西沒有價值，你的國家我還是還給你。」

因此，一切施王終於又平安地擁有了他的國土。

先利人，再利己，一切施王可說是一個典型的例子。一個人活在世上，雖然不能做到利人不利己，最少要能從利己想到利人，所謂「自利利他」。

利己與利他並不總是處於對立的位置，很多時候，二者完全可以統一起來，人都有利己的一面，這是由於每一個生命個體都有自己生存的各種各樣的需求，人的一切行為都是為了滿足自身的需要，因此人的行為動機為利己。在利己的意識驅動下，人做出了種種行為，而這種種行為的客觀結果產生了利他。

如果我們每一個人都能做到利他，那麼我們每個人也都會得到自利，這便是所謂的：「我為人人，人人為我」。因為我們在別人眼中也是「他」，對別人來說是利他，對自己來說就是利己。如果只是自私地考慮自己，從來都不去管他人，雖然你心是認為是利己了，但其實受損的還是自己。因為我們也是別人眼中的「他人」，如果人人都不管「他人」，而只顧自己，那麼我們自己就成為了人人都不管的「他人」，而只有自己去關心自己。然而，在這個群體共生互助依存的社會上，只靠自己關心自己是遠遠不夠的，一個人的能力是有限的，需要借助他人的力量。因此，對於我們每一個人而言，利他方能利己，所以，用一顆利他的心去對待他人吧！

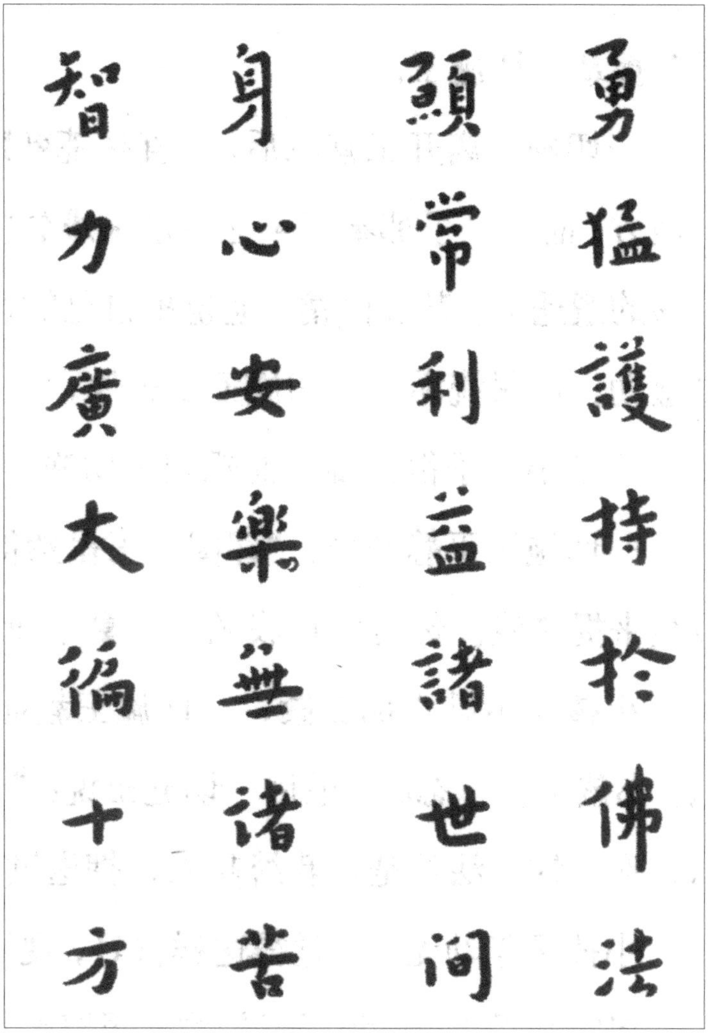

弘一大師書華嚴經聯句之一

實事實做

因爲專尚談玄說妙，譬如那飢餓的人，來研究食譜，雖山珍海味之名，縱橫滿紙，如何能夠充飢。倒不如現在得到幾種普通的食品，即可入口，得充一飽，才於實事有濟。

——弘一大師

弘一大師之所以能成為一代宗師，不僅因為他在佛法上有很深的造詣，其實更多在於他並不是一味地對佛法談玄說妙，而是確確實實地為弘揚佛法做了很多實際的工作。這就正如飢餓的人，讓他們研究食譜，即使再多的山珍海味的名稱，寫了滿滿一紙，但卻並不能充飢。倒不如馬上得到幾種普通的食品，立刻就可以吃，馬上解決飢餓問題，才是實實在在的。

世間的人，如果渴望自己的人生有所不同，就必須認認真真，踏踏實實地做好每件事。只有實事實做的人才能進步，走向成功。

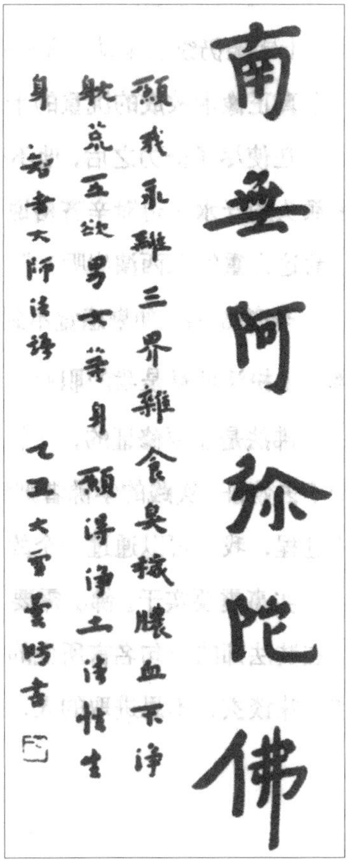

實事實做是我們做好每一件事情的前提條件，只有我們將事情踏踏實實做到位了，事情才能呈現出最好的結果。

比利時有一齣著名的基督受難舞臺劇，演員辛齊格幾年如一日在劇中扮演受難的耶穌，他高超的演技與忘我的境界常常讓觀眾不覺得是在看演出，而似乎真的看到了臺上再生的耶穌。

一天，一對遠道而來的夫妻，在演出結束之後來到後臺，他們想見見扮演耶穌的演員辛齊格，並合影留念。

合完影後，丈夫一回頭看見了靠在旁邊的巨大的木頭十字架，正是辛齊格在舞臺上背負的那個道具。

丈夫一時興起，對一旁的妻子說：「你幫我照一張背負十字架的相吧。」

於是，他走過去，想把十字架拿起來放到自己背上，但他費盡了全力，十字架仍紋絲未動，這時他才發現那個十字架根本不是道具，而是一個真正橡木做成的沉重的十字架。

在使盡了全力之後，他不得不氣喘吁吁地放棄。他站起身，一邊抹去額頭的汗水一邊對辛齊格說：「道具不是假的嗎，你為什麼要每天都扛著這麼重的東西演出呢？」

辛齊格說：「如果感覺不到十字架的重量，我就演不好這個角色。在舞臺上扮演耶穌是我的職業，和道具沒有關係。」

佛法是需要修證的，一個人去修證、實踐佛法不一定能成佛；但一個不去修證、實踐的學佛者則絕不可能獲得解脫。實證佛法是一個艱苦的過程，我們可以通過一個故事來瞭解一下。

實事需要實做。佛法需要自己去親自實踐，才能真正修成正果。正如玄奘法師的一句名言所說的那樣，「如魚飲水，冷暖自知。」那些只知道一味談玄，不思進取的人，永遠也不會修成正果。

佛陀拈著花，告訴大眾，生命的意義就在自己手中，是自己掌握著自己，並應對它報以歡喜的微笑。

一米一飯當思來之不易

大師一生，於惜福一事最爲注意。衣食住等，皆極簡單粗劣，力斥精美。一九四二年，余至普陀山，居七日，每日自晨至夕，皆在師房內觀察師一切行爲。師每日晨食僅粥一大碗，無菜。師自云：「初至普陀時，晨食有鹹菜，因北方人吃不慣，故改爲僅食白粥，已三十餘年矣。」食畢，以舌舐碗，至極淨爲止。復以開水注入碗中，滌蕩其餘汁，即以之漱口，旋即咽下，唯恐輕棄殘餘之飯粒也。至午食時，飯一碗，大眾菜一碗。師食之，飯菜皆盡。先以舌舐碗，又注入開水滌蕩以漱口，與晨食無異。師自行如是，而勸人亦極嚴厲。見有客人食後，碗內剩飯粒者，必大呵曰：「汝有多麼大的福氣？竟如此糟蹋！」此事常常有，余屢聞及人言之。又有客人以冷茶潑棄痰桶中者，師亦呵誡之。以上且舉飯食而言。其他惜福之事，亦均類此也。

——弘一大師

惜福並不是我一個人的主張，就是淨土宗大德印光老法師也是這樣，有人送他白木耳等補品，他自己總不願意吃，轉送到觀宗寺去供養諦閑法師。別人問他：「法師！你爲什麼不吃好的補品？」他說：「我福氣很薄，不堪消受。」

——弘一大師

弘一大師一生惜福。他曾經為僧眾講述淨土宗大師印光法師的往事，印光法師一生可謂是時時處處都十分注重自身對福氣的珍惜，他的衣食住行都十分地節儉，甚至達到了粗劣的境地，他對精美的東西總是極力地排斥。一九二四年，弘一大師到普陀山居住七天，他看見印光法師每天早上僅僅吃一大碗稀飯，而且連菜都沒有，其原因是他吃習慣了三十多年的白粥。中午也僅僅是一碗飯，一碗大眾菜。他每次吃完飯都會用舌頭將碗舔一遍，將食物吃得乾乾淨淨。然後用開水沖入碗中，再喝下去，唯恐有剩餘的飯粒造成浪費。他不僅對自己在這方面要求嚴格，而且對別人也進行勸誡，倘若他看見客人吃完飯後碗中還有剩餘的飯粒，那麼，他便會特別生氣地訓斥道：「你有多大的福氣？竟然如此糟蹋！」不僅如此，如果有客人將冷茶倒掉，他也同樣會加以呵斥。由此可見印光法師是何等地惜福！弘一大師也是如此。

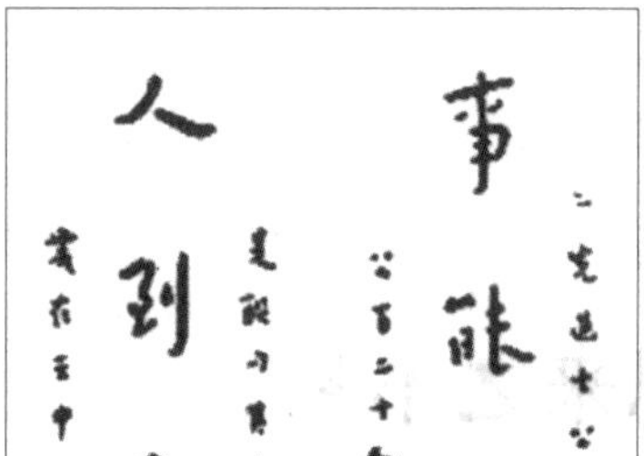

學佛人是修福慧，《阿彌陀經》曰：「不可以少福德因緣得生彼國。」修福惜福是為往生西方淨土積累資糧，百年光陰易過，所以，我們應該多修福積德於世間。

佛說：「前世五百次的回眸才換來了今生的相識！」看來再平常不過的相遇和周圍的事物其實都是太多的前面的因才給出了今天這難得的果。所謂「十年修得同船渡，百年修得共枕眠。」佛是在用他唯美的文字告訴世人應該要懂得去珍惜，不僅僅是珍惜自身、更要去珍惜他人、珍惜身邊的每一件東西、每一件事物，即使它現今已變得殘舊或者失去了有用的價值，但依然不要隨便丟棄它，因為總有一天，它會有所利用。

是的，在佛的眼裡，今天的一切都是來之不易的，都是無數的因緣際會才有的最後結果，我們更是應該去倍加珍惜。

烏達雅納王妃夏馬伐蒂賜予阿難陀五百件衣服，阿難陀欣然接受了。

烏達雅納王聽說後，他懷疑阿難陀可能是出自貪心才接受了這些衣服。於是他探望了阿難陀，對阿難陀說：「尊敬的，你為什麼一下子接受五百件衣服呢？」

阿難陀回答說：「大王，有許多比丘都穿著破衣服，我準備把這些衣服分給他們。」

「那麼，破舊的衣服做什麼用呢？」

「破舊的衣服作床單用。」
「舊床單呢？」
「做枕頭套。」
「舊枕頭套呢？」
「做床墊。」
「舊床墊呢？」
「做擦腳布。」
「舊擦腳布呢？」
「做抹布。」
「舊抹布呢？」
「大王，我們把舊抹布撕碎了混在泥土中，蓋房子時抹在牆上。」

阿難陀對一塊布尚且如此珍惜，可見他對其他的事物及他人更是倍加地珍惜。在我們常人看來並不值得去珍惜的一塊破布在阿難陀的眼中卻值得與任何一件事物一樣地去珍惜。的確，真正的珍惜是不管有沒有利用價值都是值得去珍惜的，因為物盡其用本身就是一種珍惜。存在即為合理，世間萬物的存在自有其存在的理由，哪怕只是一片小小的菜葉，也是值得我們去好好地珍惜的。因為，一個人越是懂得去珍惜那些常人看來不值得去珍惜的東西，他越是懂得去珍惜自己、珍惜人生。只有真正懂得珍惜的人才會獲得真正的幸福。

弘一大師可以說是懂得珍惜的典範，他甚至做到了對一粒米一粒飯都珍惜至極。仔細想想這一米一飯也確實是來之不易啊！在我們每頓吃飯的時候，我們可曾想到這每一粒米、每一顆飯都是大自然陽光雨露的饋贈？因此，我們沒有任何理由不去珍惜。

因為惜福，所以使我們懂得尊重每一件事物。尊重一朵花的恣意開放、尊重每一個生命的獨立與自由。因為惜福，所以知道人與物、人與人，都是在一個特定的時空裡相遇，一切皆是緣，惜緣就是惜福。

人生欲壑難填，惜福讓我們懂得勤儉節約，更加珍惜自己當下擁有的，少一些攀比，從而就不會放縱自己的欲望，學會知足常樂，讓心靈保持一種從容而淡泊的境界。用感恩的心去感受富足，包容一切，感激一切，所以幸福不忘艱苦奮鬥，勤儉節約。幸福既來之不易，又是十分短暫的。明白這個道理，就會格外珍惜幸福。有福分固然重要，但不知愛惜，最後是竹籃打水一場空。因此要時時牢記惜福。

且行且珍惜。

凡事須盡心盡力

若欲成佛，其主要的原因，即是「悲智」兩種願心。《藥師經》云：「應生無垢濁心，無怒害心，於一切有情起利益安樂慈悲喜捨平等之心。」就是這個意思。前兩句從反面轉說，「無垢濁心」就是智心，「無怒害心」就是悲心。下一句正說，「捨」及「平等之心」就是智心，餘屬悲心。悲智爲因，菩提爲果，乃是佛法之通途。凡修持藥師法門者，對於以上幾句經文，尤宜特別注意，盡力奉行。

假使不如此，僅僅注意在資養現實人生的事，則惟獲人天福報，與夫出世間之佛法了無關係。若是受戒，也不能得上品圓滿的戒。若是生西，也不能往生上品。

——弘一大師

弘一大師無論做什麼事情，一向都是盡心盡力地把事情做到位。他就是在念佛的時候都是一絲不苟，一字一音，發音標準而到位，絕無漏字斷句的情況。而且，他在念佛的時候從不會因為外在的原因而打斷自己，要麼不念，要念就一定一次念完，念到位。

世間一切事業的成功都需要懷著一種誠心，盡心盡力地付出。佛教的信仰要以事佛之心去對待佛教的法物造像，只有用心才會在修持上有所成就。

有個盲人選擇以「種花」作為他一生的職業，因為他的父親是位相當有名的花匠，他想向父親看齊。不知情的人認為他很可憐，以為這是「子承父業」，盲花匠別無選擇，殊不知，這是盲花匠自己的志向。

當然，這對他來說，的確是件非常殘忍的事，因為身為一個盲者，他根本看不見花的模樣。於是每當人們告訴他「這些花真美麗」，花匠就會用手仔細地觸摸，因為他要感覺花的美麗，從指尖傳送到他的心裡，真真切切地體會出花朵美麗的意義。

當人們告訴他「這朵花真香」，他便會俯下身，用鼻尖小心翼翼地聞著，認真嗅出每一種花的芳香。

幾十年過去了，盲花匠一直把花兒當成親友般地細心照料。因為無盡地付出，無論是玫瑰、牡丹、百合，還是各種名貴的花種，在盲花匠的培育下，都生長得嬌豔無比，令其他的花匠羨慕不已。

成功需要時間，更需要認真付出，任何侷限或阻礙都不是失敗的藉口，因為不管什麼困難都一定能克服。就像盲花匠種花，即使看不見，他仍然可以努力靠著各種感官，一點一滴地研究出讓花朵更加美麗的方法。

或許，你的外在條件比別人差，但是，只要盡心盡力就會創造奇跡。只要肯用心體會，盡全力付出，總有一天，我們都能像花匠種花和小沙彌敲鐘一樣，打造出屬於我們自己的美麗花園。

勞動是上天賜予的生活方式

「習」是練習，「勞」是勞動。現在講講習勞的事情：諸位請看看自己的身體，上有兩手，下有兩腳，這原爲勞動而生的。若不將他運用習勞，不但有負兩手兩腳，就是對於身體也一定有害無益的。換句話說：若常常勞動，身體必定康健。

——弘一大師

弘一大師在一次演講的過程中講到了「利他方是利己」這樣一個觀念，並且舉了這樣一個例子來加以說明：我們每一個人都有兩隻手和兩隻腳，這本來就是為勞動而準備的，倘若我們不將它們用來勞動，不但讓雙手雙腳發揮不了作用，而且對身體也沒有任何好處。換句話說，倘若常常勞動，身體必定很健康。這樣對雙手雙腳有利的同時也對身體有利。可謂是一舉兩得！

有這樣一則故事：

一個人在去閻王殿的路上，看到一座金碧輝煌的宮殿。宮殿的主人請求他留下來住。他說：「我忙忙碌碌地做了一輩子，現在什麼都不想做，只想吃了睡，睡了吃。」主人聽後說：「這裡就是最好的地方。在這裡山珍海味任你吃。你愛睡到什麼時候就睡到什麼時候，絕沒有人打擾你。」那人很高興就住下了。

開始幾個月，他很快樂，但不久他有些厭煩了，就去找宮殿的主人說：「我天天吃了睡，睡了吃，已是腦滿腸肥了，你能給我一份工作嗎？」主人回答說：「對不起，我這裡從來沒有工作。」又過了幾個月，那人忍無可忍了。他再一次找到主人，憤憤地說：「請你給我一份工作，否則，我寧可下地獄也不住在這地方。」主人輕蔑地笑了笑：「你以為這是什麼地方？這就是地獄！」

沒有勞動的地方就是地獄的所在，這個故事的寓意真是精彩極了。勞動是一個人具有的本能之一，一旦喪失或者放棄它，別說想要成佛，就是作為人，也是不稱職的。

把勞動當成修行的必須，在平凡中踐行偉大的智慧，正是佛教宗旨偉大之所在。

勞動是上天賜予的生活方式，一個人只有把勞動當作自己的本能，自食其力，自力更生，生命才會生生不息。

因者就像是種子，種在泥土中，將來可以長成爲果實。果者譬如果實，先要種子發芽，然後才能漸漸地開花結果。所以我們要避凶得吉，消災得福，就必須要多種善因，努力改過從善，將來才能夠獲得吉祥福德的好結果。

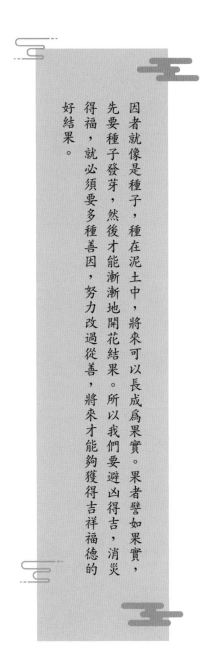

第五章

塵世中開出的惡之花

惡語一句六月寒

造惡業者，因其造業重輕，而墮地獄、畜生、鬼道之中。受報既盡，幸生人中，猶有餘報。今依《華嚴經》所載者，錄之如下。若諸「論」中，尚列外境多種，今不別錄。

惡口：常聞惡聲、言多諍訟。

——弘一大師

言語上的惡劣同樣也是佛教的教義中所不容許的，在弘一大師的著作中提到的《華嚴經》中就將口出惡言當作是佛教中的第六大惡行。其實，這並不是沒有道理的。

好美言，惡惡語，是人的本性，所謂「人之初，性本善」，好美言是人之善！小孩子一開始會說話的時候是並不會說惡語的。美言往往可以鼓舞人心而提高志氣，並且可以悅人容顏，惡語可傷人心而損害人的情緒。因此，有諺語曰：美言美語受人敬，惡言惡語傷人心。

證嚴法師說：「心地再好，嘴巴不好，也不能算是好人。」

良言一句三冬暖，惡語傷人六月寒，若是一顆豆腐心卻帶著一張刀子口，任誰都不敢多交談，想幫人反而會害人呢！說話的最高境界其實就是「說好話」，不是曲意奉承，不是馬屁狗腿，而是誠懇討論、熱心關懷，用最溫暖的語彙，表達最真摯的心意，如此而已。

的確，很多時候，我們並不想去傷害我們身邊的人，但是我們卻往往因為管不住自己的嘴而對人惡語相向，實際上，惡語雖是一句但卻十分傷人，如果你有時說話總是傷害到對方，那麼，你就看看下面這個故事：

在茂密的山林裡，一位樵夫救了一隻小熊。母熊對樵夫感激不盡。有一天樵夫迷路借宿到熊窩，母熊安排他住宿，還以豐盛的晚餐款待了他。翌日清晨，樵夫對母熊說：「你招待得很好，但我唯一不喜歡的地方就是你身上的那股臭味。」母熊心裡怏怏不樂，但嘴上說：「作為補償，你用斧頭砍我的頭吧。」樵夫按要求做了。若干年後樵夫遇到了母熊，問她頭上的傷口好了沒有，母熊說：「噢，那次痛了一陣子，傷口癒合後我就忘了。不過那次你說過的話，我一輩子也忘不了。」

弘一大師書華嚴經聯句之一

的確，聽到好的話語，令人感到愉悅，使人感到世界之美好、人情之溫暖；聽到惡毒話語，令人感到傷心、氣憤，不但使人感到世道之蒼涼、人心之險惡，而且還會有受到傷害的感覺。

人受到的傷害無非肉體與精神，話語自然傷害的是人的精神，俗話說「傷心」。有人說：「傷心是一種說不出的痛。」可見傷心不好醫治，人若傷心至極，精神有可能失控，從而導致行為失常，輕則傷害自己、傷害他人；重則便會自殺、殺人，由此可見惡語的威力之大。

佛法也是十分講究與人為善的，而與人為善就包括言出友善。要知道，惡言惡語在傷害別人的同時也傷害到了自己。

證嚴法師也曾說過：「一輩子的大事是『好好說話』。」說話不只是要表達出心中的意思，也要得到別人的理解，若不能心平氣和，能被聽進去的話也不多，衍生出的誤會、敵對倒是不少。要知道，任何一句好話會像一根點燃熊熊火把的小小火柴，也許將照亮千古！

臺灣作家林清玄在讀高二時，學業和操行都是劣等，記了兩次大過，兩次小過，被留校察看，甚至還被趕出學校的學生宿舍。很多老師對他已徹底失望。但他的國文老師王雨蒼卻沒有嫌棄他。一次，王老師找他談話說：「我教了五十年書，一眼就看出你是個能成大器的學生。」這句話讓林清玄感動和溫暖。「水激石鳴，人激志宏。」老師的話讓他振作起來，發奮學習，最終成為了有世界影響的作家。

人的話語就如同一把利刃，可以伐木也可以傷人，就看操持者怎麼用。有時，一句污辱的話會促使一個善良的人行惡，一句寬慰的話可以化干戈為玉帛；一句言真意切的表白可以獲得一生的愛情和幸福，一句惡語可以摧毀多年的夫妻之情……

事實也正是這樣，一句或許在自己看來無關緊要的話，可能會在聽者心田劃開一道無法癒合的傷口，因而古人說：「贈人以言，重於珠玉；傷人以言，甚於劍戟。」出口傷人似乎不需要太多的訓練，但話語暖人卻是一種需要長期修煉的本事，更是一種人生境界。林清玄的幸運，映照出王雨蒼老師「世人皆棄我獨憐」的博大胸襟和獨特眼光。

貪婪是永遠填不滿的無底洞

造惡業者，因其造業重輕，而墮地獄、畜生、鬼道之中。受報既盡，幸生人中，猶有餘報。今依《華嚴經》所載者，錄之如下。若諸「論」中，尚列外境多種，今不別錄。

慳貪：心不知足、多欲無厭

——弘一大師

貪婪，無論是在哪個宗教教義中都是十惡不赦的大罪。在佛教教義中，它同樣被列為第八大惡行。由此可見人類對於貪婪的無比厭惡。

貪的邪惡力量是無窮的，它所引起的欲望陰霾會徹底覆蓋一個人的本心，一個人如果沾染上貪的習氣，就會陷入欲望的深淵中不能自拔。

做人一定要知道滿足，不可貪得無厭。美好的生活應該靠勤勞的雙手去創造，不勞而獲的東西得之容易，用之卻難——它往往不會帶來幸福，只會帶來禍害。

對於一個不知足的人來說，天下沒有一把椅子是舒服的。貪欲就如同一團熊熊烈火，柴放得越多，燒得越旺，而火燒得越旺，人就越有添柴的衝動。於是，人便奔來奔去、忙裡忙外，難有停息的時候。

中國有句古話：知足常樂。做人一定要知道滿足，不可貪得無厭。美好的生活應該靠勤勞的雙手去創造，不勞而獲的東西得之容易，用之卻難——它往往不會帶來幸福，只會帶來禍害。

從前，在普陀山下有個樵夫，世代以打柴為生，他整日早出晚歸，風餐露宿，但仍然常常揭不開鍋。於是他老婆天天到佛前燒香，祈求佛祖慈悲，幫他們脫離苦海。

真是蒼天有眼，大運降臨。一天，樵夫在大樹底下挖出了一個金羅漢，轉眼間他就成了個百萬富翁。於是他買房置地，宴請賓朋，好不熱鬧。親朋好友都一下子從地下冒了出來似的，紛紛向他表示祝賀。

按理說樵夫應該非常滿足了，總算知道榮華富貴是什麼滋味了。可他只高興了一陣子，就又犯起愁來，吃睡不香，坐臥不安，老婆看在眼裡，不禁上前勸道：「現在吃穿不缺，又有良田美宅，你為什麼還在發愁？就是賊偷，一時半會兒也偷不完。你這個喪氣鬼！天生受窮的命！」

樵夫聽到這裡，不耐煩了：「你這婦道人家懂得什麼？怕人偷還只不過是小事，關鍵是十八羅漢我才得到了其中一個，那十七個我還不知道埋在哪裡呢，我怎麼能安心？」說完便又像隻被烤熟了的鴨子，癱軟在床上。這個樵夫抱了個金羅漢還整日愁眉不展，最終落得疾病纏身，與幸福擦肩而過。

說到底，這位擁有金子的暴富樵夫，精神上還是一個乞丐。哪個乞丐都不是天生的，貪婪也並非是遺傳所致，它是個人在後天環境中受病態文化的影響，形成自私、攫取、不滿足的價值觀而出現的不正常行為。貪婪沒有滿足的時候，胃口會越來越大。不控制好貪欲，終會導致欲火焚身。

有個富商碰見了一個乞丐，乞丐說：「你我是以前的舊相識，能給我一些錢嗎？」那個富商仔細看了看乞丐說：「我認出你了，你家裡不是挺殷實富裕的嗎？怎麼淪落到這種地步？」

乞丐說：「唉！去年一場大火將我的全部財產都奪去了。」

富商問道：「你為什麼要當乞丐？」

乞丐說：「為了要錢來買酒呀！」

「那你為什麼要喝酒？」

「喝了酒，才有勇氣乞討呀！」

富商腦中轟然一聲，似乎看見了愚癡人間的愚癡眾生。

他感歎道：「世人誰不是這樣愚癡一生呢？為了酒、色、財、氣耗盡了一生，最終還是塵歸塵，土歸土，這個何必呢？」

然後他去拜訪智封禪師，請示道：「我的未來會怎樣呢？」

智封禪師笑著說：「太陽從西邊升起，照在樹上沒有一點兒影子！」

「太陽照在樹上怎麼會沒有影子呢？西邊，你確定是西邊嗎？」

人的未來如同太陽西升，是沒影子的事，欲望過多，不加節制，便成了貪婪。為什麼要貪得無厭？生活本來就太辛苦，煩惱、掛慮、憂傷、痛苦，如果整日計較這些，只有苦上加苦！如同一個瘋狂旋轉的陀螺。

曾經有人說：「欲望像海水，喝得越多，越是口渴。」欲望過多，不加節制，便成了貪婪。貪婪並非是遺傳所致，它是個人在後天環境中受病態文化的影響，形成自私、攫取、不滿足的價值觀而出現的不正常行為。貪婪沒有滿足的時候，越加滿足，胃口就越大。貪婪的人每天都生活在殫精竭慮、費盡心機的算計中，更有甚者可能會不擇手段、走極端。而貪婪的人在這個過程中是無法知道貪婪的結果的，因為貪欲早已迷惑了他的心，遮住了他的眼，他不知道自己該在什麼時候停下來，他就像一隻轉磨的驢只顧一個勁兒地往前走。

一個人，如果想要修習佛法，必須擯棄「貪」的念頭，因為「貪」正是產生人生痛苦的最大根源。

凡事不可走極端

心思要縝密，不可瑣屑。操守要嚴明，不可激烈。
聰明者戒太察，剛強者戒太暴。

——弘一大師

對於弘一大師而言，走極端無疑是對生命最大的威脅。他總是一副謙謙君子的作風，總是時刻在提醒著自己：心思要縝密，不可瑣屑；操守要嚴明，不可激烈。

所謂「過猶不及」，我們為人處世都應該把握好「度」的問題。任何事物都不能走極端，一旦走了極端，好的事物便會向相反的方向發展，從而變成壞的事物。

克契到佛光禪師那裡學禪也有好一段時間了，由於個性客氣，遇事總會想辦法自己解決，盡可能不麻煩別人，就連修行，也是一個人悶著頭默默地進行。

一天，佛光禪師問他說：「你來我這兒也有十二個年頭了，有沒有什麼問題？要不要坐下來聊聊？」

克契連忙回答：「禪師您已經很忙了，學僧怎好隨便打擾呢？」

時光荏苒，歲月如梭，一晃眼，又是三個秋冬。

這天，佛光禪師在路上碰到克契，又有意點他，主動問道：「克契啊！你在參禪修道上可有遇到些什麼問題嗎？有的話就要開口問。」

克契答道：「禪師您那麼忙，學僧不好耽誤您的時間！」

一年後，克契經過佛光禪師禪房外，禪師再對克契語道：「克契你過來，今天我有空，不妨進禪室來談談禪道。」

克契禪僧趕忙合掌作禮，不好意思地說：「禪師很忙，我怎能隨便浪費您的時間？」佛光禪師知道克契過分謙虛，這樣的話，再怎樣參禪，也是無法開悟的，得採取更直接的態度不可了，所以當佛光禪師再次遇到克契的時候，便明白地對克契說：「學道坐禪，要不斷參究，你為何老是不來問我呢？」

只見克契仍然應道：「老禪師，您忙！學僧實在是不敢打擾！」

這時，佛光禪師大聲喝道：「忙！忙！我究竟是為誰在忙呢？除了別人，我也可以為你忙呀！」佛光禪師這一句「我也可以為你忙」的話，頓時打入克契的心中。

謙虛固然是一種美德，但是過度的謙虛則就不好了，閉門苦思數年也許還不如與禪師的一席對談來得好。

假如一個人的思維方式出了問題，說話和辦事都喜歡走極端的話，那麼這個人就不可能走向成功。在一定的情況下，極端的東西往往會走反面。譬如原本極端的熱愛，轉眼就會是刻骨的仇恨；原本過分的甜蜜，轉眼就會是鹵水的苦澀；過頭的思想，轉眼就會是精神的失常；不正常的行為，轉眼就會是怪異的舉止；原本極端的享樂，轉眼就會是悲痛的開始；原本極端的權術，轉眼就會是慘敗的根源；原本自以為是的言語，轉眼就會是愚蠢的象徵；原本極端的溺愛，轉眼就會是殺人的軟刀；原本極端的美麗，轉眼就會是醜陋的標誌。不要從一個極端走向另一個極端，否則自己就要處處碰壁，並有可能隨時遭受災難。所以，自己的平和心態最是重要。任何時候都不要急，都不要慌亂，不要走極端。

從來不運動的人，突然心血來潮，激烈的跑動，很可能會引起心臟麻痹；肚子餓的時候，一下子吃下太多的食物，就會造成腸胃的不適。

由此可見，一個人突然做出極端相反的事情，必定會產生排斥的現象；所以，一個人言行若是走向極端，實在是很危險。

《四十二章經》中記載了這樣一段話：

佛曰：「弦鬆是如何？」對曰：「不鳴。」

佛曰：「弦緊是如何？」對曰：「聲絕。」

這段話的來歷是這樣的：

當富家子弟陀皈依釋尊時，為了脫離從前墮落的生活，他自願做最痛苦的修行，甚至雙足淌血，也毫無怨言。

雖然他苦心修行，仍然無法斬斷煩惱之根，得到徹悟，因而心裡十分失望。於是，釋尊用琴弦為例，對他說：「琴弦太鬆，無法發出美妙的聲音；琴弦太緊，又反而彈不出聲音。同樣，修行時若過於散漫，內心就會鬆懈，過於嚴格，內心也無法忍受。因此，身心都應該保持中道。」

要做到恰到好處，是根本無法言喻的，只能靠經驗去體會。因此，我們每天的一舉一動，都是在不斷地追求中道。

法國思想家帕斯卡在《思想》中提到：「一個人若不將自己的偉大表現出來，只表現自己的獸性，那就很危險了。相反的，一個人只圖掩飾自己的缺點，而誇張自己的偉大，也是危險的。然而，既不表現缺點，也不表現優點，就更危險了。只有兩者都表現出來，才是有益的。所以，一個人既不能自以為與動物相近，也絕不可自以為是天使。」

一個喜歡出鋒頭，嘮叨不休的人，必定會引起他人的反感，可是，過於沉默，別人也會敬而遠之的。社會上也是如此，過分精明或一點也不精明，人生都不會好過。總之，由平日的經驗中，我們就可以瞭解到，不論偏向任何一方，都是不正確的。

人生就好像在蜿蜒崎嶇的道路上駕駛汽車一樣，如果脾氣暴躁，猛踩油門，車子便會橫衝直撞；如果顧慮太多，又會常踩刹車，使車子行進緩慢，甚至完全停頓下來。如果過於緊張的話，會使方向盤向左或向右轉，而滑出道路；過於鬆懈的話，轉彎時又會因疏忽而來不及剎車。

在生活中，做人處事，如果能做到不走極端，就能夠遊刃有餘。

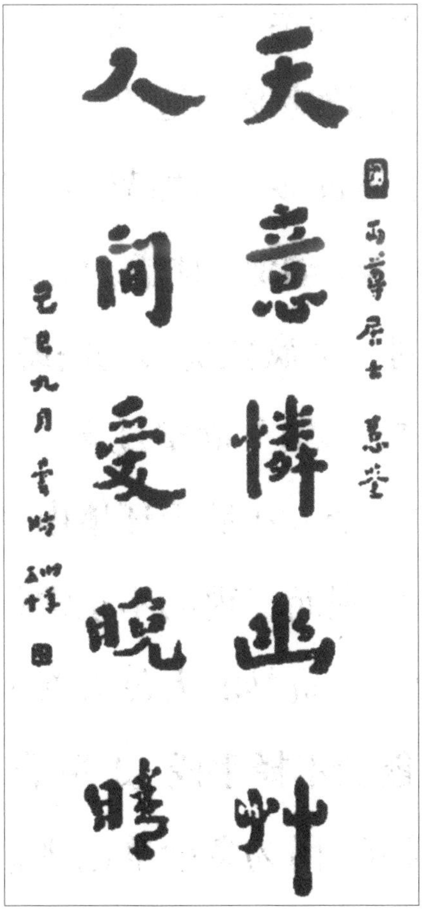

勿讓理性葬身「嗔」海

不嗔：嗔習最不易除。古賢云：「二十年治一怒字，尚未消磨得盡。」但我等亦不可不盡力對治也。《華嚴經》云：「一念嗔心，能開百萬障門。」可不畏哉！

——弘一大師

憤怒，在佛家被稱為「嗔」，是佛所說的「貪、嗔、癡」人生三毒之一。憤怒的人往往在憤怒的同時丟失了自己，弘一大師似乎是在出家前就深知遠離憤怒、保持平和的道理，他為人一向平和。即使在他身為老師面臨課堂有學生現場搗亂時也沒有發怒，而是在課後找那名搗亂的學生心平氣和地談話，而且這招還確實挺管用的，比在課堂上發作效果好多了。

一個人在日常生活中，總是有各種各樣的立身為人的原則，一旦別人冒犯了自己，往往會怒不可遏，火冒三丈，最終被心中怒火沖昏了頭腦，不但傷害了別人，還傷害了自己的身體。

容易生氣甚至發怒是人的一個普遍特徵，殊不知，生氣和發怒正是一些人生病或者失去生命的重要原因。一個人要想生活得幸福、安然、自在，必須擺脫「嗔」的困擾。

一個人如果能夠每時每刻都用一顆寬容、豁達的心去面對世間的人與事，那麼這個人的生活中就會除卻很多煩惱，就能夠時時擁有一顆寧靜的心。

有一位婦人脾氣十分古怪，經常為一些無足輕重的小事生氣。她也很清楚自己的脾氣不好，但她就是控制不了自己。

朋友對她說：「附近有一位得道高僧，你為什麼不去向他訴說心事，請他為你指點迷津呢？」於是她就抱著試一試的態度去找那位高僧。

她找到了高僧，向他訴說心事，言語態度十分懇切，渴望從高僧那裡得到啟示。高僧一言不發地聽她闡述，等她說完了，就把她領到一座禪房中，然後鎖上房門，無聲而去。

婦人本想從高僧那裡聽到一些開導的話，沒想到高僧一句話也沒有說，只是把她關在這個又黑又冷的屋子裡。她氣得跳腳大罵，但是無論她怎麼罵，高僧就是不理會她。婦人實在忍受不了，便開始哀求，但高僧還是無動於衷，任由她在那裡說個不停。

過了很久，房間裡終於沒有聲音了，高僧在門外問：「還生氣嗎？」

婦人說：「我只生自己的氣，我怎麼會聽信別人的話，到你這裡來！」

高僧聽完，說道：「你連自己都不肯原諒，怎麼會原諒別人呢？」於是轉身而去。

過了一會兒，高僧又問：「還生氣嗎？」

婦人說：「不生氣了。」

「為什麼不生氣了呢？」

「我生氣有什麼用呢？只能被你關在這個又黑又冷的屋子裡。」

高僧說：「你這樣其實更可怕，因為你把你的氣都壓在了一起，一旦爆發會比以前更加強烈。」說完又轉身離去了。

等到第三次高僧問她的時候，婦人說：「我不生氣了，因為你不值得我為你生氣。」

「你生氣的根還在，你還沒有從氣的漩渦中擺脫出來！」高僧說道。

又過了很長時間，婦人主動問道：「高僧，你能告訴我氣是什麼嗎？」

高僧還是不說話，只是看似無意地將手中的茶水倒在地上，婦人終於頓悟：原來，自己並不氣，心地透明了，了無一物，何氣之有？

釋尊曾經談及嗔怒的破壞力，當一個人生氣時，會有七件事情降臨在他身上。

一、雖然刻意裝扮，依然醜陋不堪。

二、雖然睡在柔軟舒適的床，依然疼痛纏身。

三、誤把善意作惡意，錯把壞人當好人，做事魯莽不聽勸告，導致痛苦與傷害。

四、失去辛苦賺來的錢，甚至誤觸法網。

五、失去勤勉工作得來的聲望。

六、親友形同陌路，不再同你為伍。

七、死後將轉世投胎到畜生道，因為一個任怒氣駕馭自己的人，身心及言語皆表現得不健全，而造成令人惋惜的結果。

這七種親痛仇快的不幸，就是憤怒帶給人的後果。

的確，世間萬物，危害健康最甚者，莫過於生氣。諸如：咆哮如雷的「怒氣」，暗自憂傷的「悶氣」，牢騷滿腹的「怨氣」，有口難辯的「冤枉氣」等。「氣」乃一生之主宰，與人體健康關係甚密。若「心不爽，氣不順」，必將破壞機體平衡，導致各部分器官功能紊亂，從而誘發各種疾病和災難。所以《內經》就明確指出：「百病生於氣矣。」

嗔怒的鋒刃對我們沒有益處，它既傷害了別人，同時也傷害了自己。嗔怒這把雙刃劍，劍鋒所向，最終歸結在自己身上。

佛陀說：「對憤怒的人，以憤怒還牙是一件不應該的事。對憤怒的人，不以憤怒還牙的人，將可得到兩個勝利：知道他人的憤怒，而以正念鎮靜自己的人，不但勝於自己，而且勝於他人。」

學會以豁達的心胸待人處事，不以人之犯己而動氣，以祥和慈悲的態度面對一切事、一切人，就能夠在世事面前如流水一樣，可方可圓，順其自然，過一個幸福的人生。

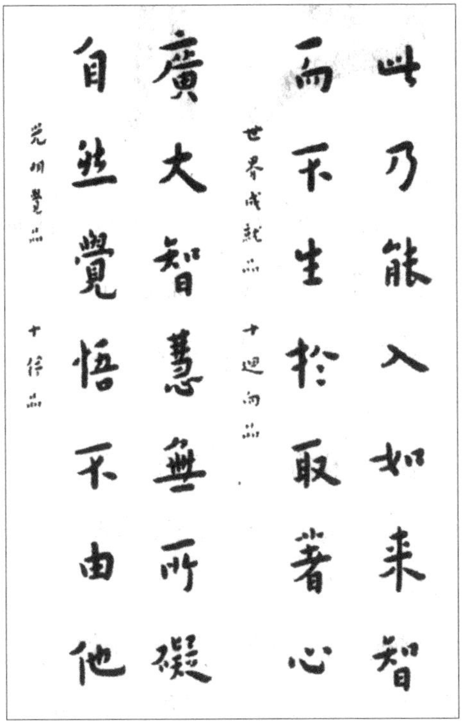
此乃能入如来智
而不生於取著心
世界成就品 十迴向品
廣大智慧無所礙
自然覺悟不由他
光明覺品 十行品
弘一大師書華嚴經聯句之一

生命不是用來自私的

修淨土宗者，應常常發代眾生受苦心。願以一肩負擔一切眾生，代其受苦。所謂一切眾生者，非限一縣一省、乃至全世界。若依佛經説，如此世界之形，更有不可説許多之世界，有如此之多故。凡此一切世界之眾生，所造種種惡業應受種種之苦，我願以一人一肩之力完全負擔。絕不畏其多苦，請旁人分任。因最初發誓願，決定願以一人之力救護一切故。

譬如日。不以世界多故，多日出現。但一日出，悉能普照一切眾生。今以一人之力，負擔一切眾生，亦如是。

——弘一大師

生命不是用來自私的，弘一大師在他的有生之年發出了如此的呼聲。他修佛的目的並不是為了自身的超脫，而是為了去普度眾生，去擔負一切眾生的罪惡，願意去代替他們受苦。以他的一人一肩之力去承擔一切的罪惡，這又是一種何等的無私與偉大啊！

一個年輕人去拜訪一位住在大山裡的禪師，與他討論關於美德的問題。

這時候，一個強盜也找到了禪師，他跪在禪師面前說：「禪師，我的罪過太大了，很多年以來我一直寢食難安，難以擺脫心魔的困擾，所以我才來找你，請你為我澄清心靈。」

禪師對他說：「你找我可找錯人了，我的罪孽可能比你的更深重。」

強盜說：「我做過很多壞事。」

禪師說：「我曾經做過的壞事肯定比你做過的還要多。」

強盜又說：「我殺過很多人，只要閉上眼睛我就能看見他們的鮮血。」

禪師又說：「我也殺過很多人，我不用閉上眼睛就能看見他們的鮮血。」

強盜說：「我做的一些事簡直沒有人性。」

禪師回答：「我都不敢去想那些我以前做過的沒人性的事。」

強盜聽禪師這麼說，便用一種鄙夷的眼神看了看禪師，說：「既然你是這麼個人，為什麼還在這裡自稱為禪師，還在這裡騙人呢！」

於是他起身，一臉輕鬆地下山去了。

年輕人在旁邊一直沒說話，等到那個強盜離去以後，他滿臉疑惑地向禪師問道：「你為什麼要這麼說？我瞭解你是一個品德高尚的人，一生中從未殺過生。你為什麼要把自己說成是個十惡不赦的壞人呢？難道你沒有從那個強盜眼中看到他對你失去信任了嗎？」

禪師說道：「他的確已經不信任我了，但是你難道沒有從那強盜的眼中看到他如釋重負的感覺嗎？還有什麼比讓他棄惡從善更好呢？」

年輕人激動地說：「我終於明白了什麼叫做美德了！」

這時，遠處傳來那個強盜歡樂的叫喊聲：「我以後再也不做壞人了！」聲音響徹了山谷。

老禪師的心是無私的，他也幫助強盜改邪歸正，做了一件大大的善事。

與無私對立的就是自私。自私是一種潛藏在心靈深處的人的本能欲望，它的存在與表現通常是不為人所察覺的，私欲較強的人不顧社會和他人利益，一味地滿足自己的需求，而在自己私欲得到滿足的時候卻又心安理得地去享受。正如盧萊修所說：「自私是人類的一種本性，高尚者和卑劣者的區別就在於：前者能夠克服這種本性而代之以無私地給予，而後者則任其肆意橫行。」

從前有一個人，經過長途跋涉，非常疲乏和乾渴。他看見一條竹筒連成的水道淌出清清的細流，就趕緊跑過去捧水便喝。喝飽後，他滿足地對竹筒說：「我已經喝夠了，水就不要再流了。」他說完後，發現水依然細細地流著，心中發起了火，「我說我喝完了，叫你不要再流，為什麼還流？」有人見到他這個樣子，暗自發笑，上前開導說：「你真沒有智慧。你自己為什麼不離去，反叫水不要來呢？」

世間的人，因為生死渴愛，飲五欲城水，如此以為飽足，可是久而久之對這纏人不休的欲望也會生出疲厭。於是就想：「這些誘人的色聲香味，不要再來到我的面前，使我眼見心煩。」可是五欲依然如舊，不斷糾纏人心，於是按捺不住大發雷霆，再次詛咒：「我要你迅速消失，永遠不要再出現，為什麼你還來糾纏，讓我見到心生煩惱！」有智慧的人說：「一個人若要離開五欲，應該收攝自己的六情，關閉心意，妄想不生，這樣才能得到解脫。何必執著眼前的事相，而希望它不生呢？」

其實這都是人的自私心理在作怪，自私是人類的劣根性之一。

人，無論是誰，都會有私心，這是人天性中的缺陷，但這種缺陷，並不是無藥可救的。我們應該懂得，仁愛應屏卻私心，自己對別人的態度，就是別人對自己的態度，如果每個人都因自私而不對他人行善，那麼善與愛無法共用的世界必然是一片黑暗。

要使自己名貴的花卉不失本色，唯一的辦法就是讓鄰居的花圃裡也都種上同樣高貴的花，因為心靈無私是保持高貴的唯一祕密，也是營造仁愛氛圍的唯一方法。愛默生曾提醒我們：「要做一個為後來者開門的人，不要試圖使世界成為死巷。此生最美妙的報償就是，凡真心幫助他人的人，沒有人不幫助自己的。」

生命不是用來自私的，一個自私的人注定會傷害到自己，而一個樂於助人的人，反而會從別人那裡得到好處。把自私從你的心裡趕走，你的心中就會充滿光明。

第六章

踐行佛法美妙的教化

凡事認真

這二十四年中，我顛沛流離，他一貫到底，而且修行功夫愈進愈深。當初修淨土宗，後來又修律宗。律宗是講究戒律的，一舉一動，都有規律，嚴肅認眞之極，這是佛門中最難修的一宗。數百年來，傳統斷絕，直到弘一大師方才復興，所以佛門中稱他爲「重興南山律宗第十一代祖師」。他的生活非常認眞。舉一例說：有一次我寄一卷宣紙去，請弘一大師寫佛號。宣紙多了些，他就來信問我，餘多的宣紙如何處置？又有一次，我寄回件郵票多了幾分，他把多的幾分寄還我。以後我寄紙或郵票，就預先聲明：餘多的送與法師。

——豐子愷

在弘一大師出家的二十四年中，他一貫到底，而且修行功夫愈進愈深。當初修淨土宗，後來又修律宗。律宗是講究戒律的，一舉一動，都有規律，嚴肅認真之極，這是佛門中最難修的一宗。數百年來，傳統斷絕，直到弘一大師方才復興，所以佛門中稱他為「重興南山律宗第十一代祖師」。他的生活非常認真。舉一例說：有一次他以前的學生豐子愷寄一卷宣紙去，請弘一大師寫佛號。結果宣紙寄多了些，他就寫信問豐子愷多餘的宣紙該如何處置？又有一次，豐子愷寄回件，郵票多了幾分，他便把多的幾分寄還豐子愷。以後豐子愷寄紙或郵票，就預先聲明：多餘的就送給法師。

毛澤東說：世界上怕就怕「認真」二字。認認真真、踏踏實實是人生中一個既簡單又深奧的哲理。只有認認真真地去對待生活，我們才能從生活中收穫更多。

人生只有一次，而且時光短暫易失，沒有比這僅有一次的人生更加值得我們去認真地對待了。不管我們的人生發生什麼樣的事情，遇到什麼樣的人，我們都應該認認真真地對待我們生命中的每一分、每一秒。我們為什麼不能做到更好呢?! 結果也許是重要的，但與過程相比則算不上什麼，人生原來也只是一個過程而已，因此，不管結果如何，我們都應該認真地對待每一件事情，力求將其做到最好。

認認真真地去做好手中的每一件事情便是得道。認真對於我們每一個平凡的人來說都是一種生活姿態，一種對生命歷程完完全全地負起責任來的生活姿態，一種對生命的每一瞬間注入所有激情的生活姿態。

是的，也許「認真」是一項無法保證會有收穫的艱苦耕耘。認真是行而下層面的行為，它收穫的往往是行而上層面的滿足，它使人生的原生態得以展示，亦使人生的豐富性得以體現。荷蘭思想家斯賓諾莎一生貧苦潦倒，以打磨眼鏡片維持生活。白天，他在昏暗狹小的作坊裡一絲不苟地淬煉、打磨、裝配，每個程序都精益求精，勞動情狀幾乎比夜晚在燈下寫哲學著作還要虔誠。在他生活的城市裡，沒有人意識到斯賓諾莎將是影響幾個世紀人類精神領域的大思想家，卻都知道他是手藝精湛的工匠。艱辛的勞動使斯賓諾莎雙目失明，英年早逝。但若沒有認真打製眼鏡片的勞動姿態，也就不可能有在思考和寫作中燃燒自我的精神境界。前者為後者奠定了尋求永恆價值的根基，後者是前者在另一種勞動形態上的昇華。在為世人尋求光明這個意義上，斯賓諾莎打製的每一副鏡片與寫下的每一頁手稿都具有同等的價值。

認真是我們對生活、對人生的一種態度，一個懂得事事都認真的人一定是一個熱愛生活且懂得生活的人，他也許會是一個平凡的人，但絕對不會是一個平庸的人，他的生命將因為他的認真而變得豐滿而充實。他的人生沒有虛度年華，而且在認真對待每一件事情中富有了巨大的意義。

豐子愷先生在懷念弘一大師時曾說：

「弘一大師由翩翩公子一變而為留學生，又變而為教師，三變而為道人，四變而為和尚。每做一種人，都做得十分像樣。好比全能的優伶：起青衣像個青衣，起老生像個老生，起大面又像個大面……都是「認真」的緣故。」

「現在弘一大師在福建泉州圓寂了。噩耗傳到貴州遵義的時候，我正在束裝，將遷居重慶。我發願到重慶後替法師畫像一百幀，分送各地信善，刻石供養。現在畫像已經如願了。」

「我和李先生在世間的師弟塵緣已經結束，然而他的遺訓——認真——永遠銘刻在我心頭。」

是的，如果我們每個人都能夠像弘一大師那樣對待自己生命中每天都要面臨的每件事，我們怎麼會不獲得成功呢？

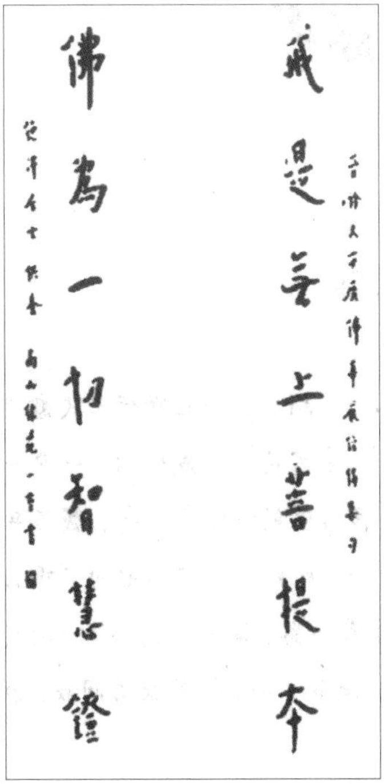

時間是恒河裡的沙

我於一九三六年的正月，扶病到南普陀寺來。在病床上有一只鐘，比其他的鐘總要慢兩刻，別人看到了，總是說這個鐘不準，我說：「這是草庵鐘。」

別人聽了「草庵鐘」三字還是不懂，難道天下的鐘也有許多不同的嗎？現在就讓我詳詳細細地來說個明白：

我那一回大病，在草庵住了一個多月。擺在病床上的鐘，是以草庵的鐘爲標準的。而草庵的鐘，總比一般的鐘要慢半點。

我以後雖然移到南普陀，但我的鐘還是那個樣子，比平常的鐘慢兩刻，所以「草庵鐘」就成了一個名詞了。這件事由別人看來，也許以爲是很好笑的吧！但我覺得很有意思！因爲我看到這個鐘，就想到我在草庵生大病的情形了，往往使我發大慚愧，慚愧我德薄業重。

我要自己時時發大慚愧，我總是故意地把鐘改慢兩刻，照草庵那鐘的樣子，不止當時如此，到現在還是如此，而且願盡形壽，常常如此。

——弘一大師

弘一大師一九三六年正月在南普陀寺患病時，他的病床上放了一只鐘，這只鐘比其他的鐘要慢兩刻，別人都說這鐘不準，但弘一大師卻解釋說：「這是草庵鐘。」原來，弘一大師在草庵時生過一場大病，耽誤了一個多月，當時這只鐘的時間便是草庵的時間，比正常的時間慢了兩刻鐘，後來他便一直將這只鐘帶在身邊，不斷地提醒自己要珍惜時間。所以「草庵鐘」就成了珍惜時間的一個代名詞了。

一切事物都是逝逝不已的，有如川流。正如兩千多年前，先聖孔子在河邊說道：「逝者如斯夫，不捨晝夜。」逝水是不會有重歸的，時間也不會重返，所以要珍惜時間。

法國思想家伏爾泰曾說過一個意味深長的謎：「世界上哪樣東西最長又是最短的，最快又是最慢的，最能分割又是最廣大的，最不受重視又是最值得惋惜的。沒有它，什麼事情都做不成；它使一切渺小的東西歸於消滅，使一切偉大的東西生命不絕。」對於這個謎，眾說紛紜，一時之間很多人都捉摸不透。

直到有一天，一名叫查第格的智者猜中了。他說：「最長的莫過於時間，因為它永遠無窮無盡；最短的也莫過於時間，因為它使許多人的計畫來不及完成；對於在等待的人，時間最慢；對於在作樂的人，時間最快；它可以無窮無盡的擴展，也可以無限地分割；當時誰都不加重視，過後誰都表示惋惜；沒有時間，什麼事情都做不成；時間可以將一切不值得後世紀念的人和事從人們的心中摳去，時間能讓所有不平心的人和事永垂青史！」

時間到底是什麼呢？時間對於不同的人有不同的意義。對於活著的來說，時間是生命；對於從事經濟工作的人來說，時間是金錢；對於做學問的人來說，時間是資本；對於無聊的人來說，時間是債務；對於學生來說，時間是財富，是資本，是命運，是千金難買的無價寶。

時間是一筆貸款，即使再守信用的借貸者也還不起。最吝嗇時間的人，時間對他最慷慨。抓住今天，盡可能少依賴明天。莫等閒，白了少年頭，空悲切！珍惜時間可以使生命變得更有價值。

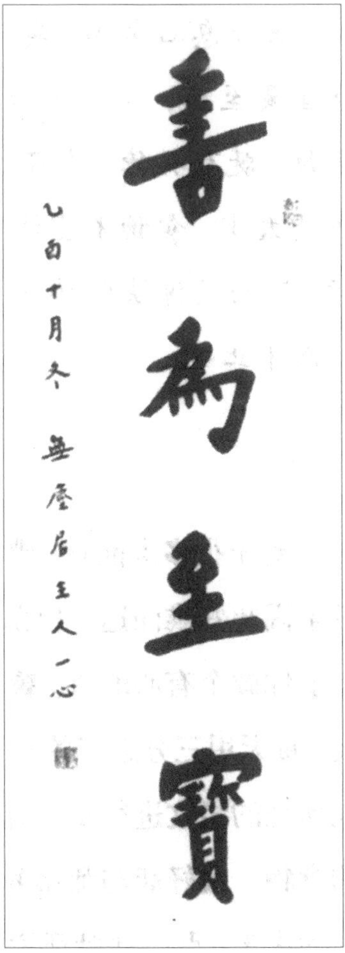

人是惜命的，希望生命能夠長久，才會有那麼多的帝王將相苦煉長生之道，卻無法改變生命是短暫的這一事實；人是有貪欲的又是有惰性的，才會有那麼多的「鳥為食亡」的悲劇發生；而人又是爭上游的，所以才會有那麼多的「只爭朝夕」，從不鬆懈。

生命的科學告訴我們，時光和空間才是恒定的主人，人只不過是匆匆的過客。正如陸機在《短歌行》中曰：「人壽幾何？逝如朝霞。時無重至，華不在陽。」的確，我們的生命就正如孔夫子腳下的流水一般「逝者如斯夫」，就像時鐘每分每秒都在不停地滴滴答答地走著。甚至就像米蘭昆德拉所說：「我討厭聽我的心臟的跳動，這是一個無情的提示，它提醒我生命的分分秒秒都被點數著。」這也正如弘一大師床頭那慢了兩刻的草庵鐘一樣時刻提醒著他時光的寶貴。

所以，當你每天被鬧鐘吵醒的時候，都要記得：活著，就要珍惜時間，並不是因為時間常被喻為金錢，而是因為它就是生命。

世上無難事，只怕有心人

古人掩關皆爲專修禪定或念佛，若研究三藏則不限定掩關也。仁者此次掩關，實爲難得之機會。應於每日時間，以三分之二專念佛誦經（或默閱但不可生分別心），以三分之一時間溫習《戒本》《羯磨》及習世間文字。因機會難可再得，不於此時專心念佛，以後恐無此勝緣。至於研究等事，在掩關時雖無甚成績，將來出關後，盡可緩緩研究也。念佛一事，萬不可看得容易，平日學教主人，若令息心念佛，實第一困難之事，但亦不得不勉強而行也。此事至要至要，萬不可輕忽。誦經之事可以如常。又每日須拜佛若干拜，既有功德，亦可運動身體也。念佛時亦宜數數經行，因關中運動太少，食物不宜消化，故宜禮拜經行也。念佛之事，一人甚難行，宜與義俊法師協定課程，二人同時行之，可以互相策勵，不致懈怠中止也。

——弘一大師

對於很多人而言，佛經的學習並非是一件很容易的事情，有很多人甚至因此知難而退。但弘一大師卻告訴我們其實學習佛法一點都不難，只要你做個有心的人。譬如念佛，我們可以選擇閉門一段時間來研究經文，每天用三分之二的時間專門用來念佛誦經，然後用剩餘的時間對當天所念的經文進行複習，而且在整個過程中還要配合適當的運動和適量的食物，最好能與師傅共同學習，這樣兩人可以相互鼓勵、一起探討、共同進步。弘一大師所說的話中隱藏著這樣一則道理，那就是：「世上無難事，只怕有心人。」

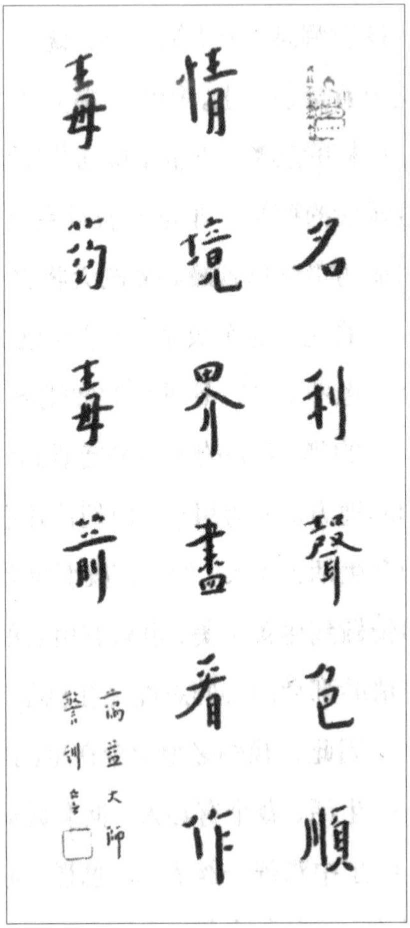

不管我們做任何事情都要用心，用心就可以把事情做成、做好。荷蘭人虎克給人家看大門，很清閒，他就成年累月地磨各種各樣的鏡片，磨出許多有特殊功能的鏡片，成為了著名的光學家。的確，任何一件事情，只要用心去對待，堅持信念、一生一世地做下去，那麼就一定會獲得成功。

從前四川有兩個和尚，一個很有錢，每天過著舒舒服服的日子；另一個很窮，每天除了念經時間之外，就得到外面去化緣，日子過得非常清苦。有一天，窮和尚對有錢的和尚說：「我很想到印度去拜佛，求取佛經，你看如何？」有錢的和尚說：「路途那麼遙遠，你要怎麼去？」窮和尚說：「我只要有一個缽、一個水瓶、兩條腿就夠了。」有錢的和尚聽了哈哈大笑，說：「我想去印度也想了好幾年，一直沒成行的原因是旅費不夠。我的條件比你好，我都去不成了，你又怎麼去得成？」過了一年，窮和尚從印度回來，還帶了一本印度的佛經送給有錢的和尚。有錢和尚看他果真達成願望，慚愧得面紅耳赤，一句話也說不出來。

只要下定決心，有恒心、有毅力，那麼天底下再難的事也會變得容易了。窮和尚雖然沒有錢，坐不起車船，但是因為他有堅強的毅力，才能跋涉遙遠的路途，達成願望。

那麼，什麼才是用心呢？怎樣才算是用心呢？其實，用心就是以最認真、最細心、並且全心全意、盡力的態度來做好每一件事情。

用心是做好每一件事的基本原則，用心做事可以更有效率，從而事半功倍，而且還可以得到他人的信任，使別人對自己有好的看法，更重要的是，用心可以為自己養成一個良好的習慣，對自己日後的發展定會大有幫助。

從前，日本有一位名叫豐臣秀吉的將軍，有一次，帶著部隊長途行軍，找到一所寺廟，將軍一進去，因為又累又渴，便大聲叫嚷，要人端茶出來，一位小和尚端上一大碗的冷茶，將軍喝完之後還覺得意猶未盡，第二次時小和尚端出了一碗溫茶，第三次，小和尚端上了小碗的熱茶，將軍喝完之後，便納悶地問小和尚，為何三次呈上的茶水，容器大小及溫度皆不同。小和尚答道：「將軍長途跋涉，口渴之際，大碗的冷茶最能解渴，至於第二碗就不再適宜喝冷茶，免得胃寒，所以我用中碗裝著溫茶奉上。待將軍喝完兩碗茶水之後，不會再急著牛飲，我才呈上小杯的熱茶，不至於燙傷將軍的唇舌，又可借由茶香，恢復將軍旅途勞頓後的精神。」豐臣秀吉聽完之後，立刻要求小和尚加入他的軍隊，日後成為豐臣秀吉最心愛的大將之一。

看完了這個故事，相信你已經瞭解了那位小和尚的用心，連這種小細節也不放過，足見他的智慧所在。

的確，有心的人總是能看到別人所看不到的地方，想到別人所想不到的地方。因為用心，他們往往會比常人多一份感悟，深一層體會，進而在生活、為人、處世、做事等各個方面都表現出極其認真，並且能把事情做到盡善盡美，也只有用心的人才能真正將事情做好，而他們對於事情的那種用心的態度往往也是最打動人心的。

因此，我們必須學會在生活中做個有心的人。

生活，做個有心人。世事繁雜，生活忙累，俗事、瑣事、雜事纏身，在紅塵中難得一絲清閒。思想，也未免湮沒於煩瑣事務的衝擊之下，失卻意義，喪失信念，丟了理想。而做個有心人，在滾滾紅塵中「眾人皆醉我獨醒」，你便會做一個梳理生活的人，做一個源於生活、高於生活的人，做一個腳踏實地、游刃於生活的人。生活也自會為你敞開一扇大門，讓你盡情領略生活的醇香，感受俗世的撫慰，享用生活的甜蜜、芳香和溫暖。

為人，做個有心人。生在塵世，與人相交，是頭等大事。做個什麼樣的人，是大事之大事。觀天下之人，有的碌碌無為、平淡一生；有的轟轟烈烈、壯麗一生；有的不偏不倚、中庸一生；有的雞鳴狗盜、苟且一生……看塵土飛揚，芸芸眾生，有的追名，有的逐利，深陷於此，沒有一雙慧眼，無一顆慧心，不免難辨真偽，難分正誤，長此以往，「人將不人」，變得面目猙獰，盡失本性。只有做個有心人，靜觀世態，去偽取精，或許，你才可把握機遇，把握人生。而做個有心人，先要有勇氣做個「局外人」，不爭虛名，不累小利，你才可站在高處，看得更遠，想得更深，有固守的心靈導向，從而不陷於淺薄，不流於浮躁，不累於虛名，不囿於陳規，奮進而不狂妄，真誠而不驕傲，創新而不莽撞，修身處世有準則，審時度勢有辦法，做一個有個性的人、有修為的人、有品質的人，高尚的人、大氣的人。從而，你才會是一個幸福的人。

做事，做個有心人。遇事多動腦筋，做事多個心眼，必然少走彎路，多出成績。凡事三思而後行，自有坦途在眼前，做個有心人，事事皆好辦。易事，要精益求精；難事，要找出竅門；險事，要化險為夷；壞事，要知其後果。開心事，笑而有度；窩囊事，不必耿耿於懷。小事，要有心；大事，要有定。不為做事而做事，也不為好惡而做事，但一定要為做人而做事，為良心而做事。既要有原則，又要有度量；既要拿得起放得下，又要敢作敢為敢擔重任。辦小事，不斤斤計較；辦大事，要有氣魄。如此而已，事事皆有趣味，做人也才瀟灑。

靜查己過，勿論人非

供養僧者亦爾。不可專供有德者，應於一切僧生平等心，普遍供之，乃可獲極大之功德也。專贈一人功德小，供眾者功德大。

出家人若有過失，在家人聞之，萬不可輕言。此爲佛所痛誡者，最宜愼之。

專求己過，不責人非。

不說人過。古人云：「時時檢點自己且不暇，豈有工夫檢點他人。」孔子亦云：「躬自厚而薄責於人。」以上數語，余常不敢忘。

——弘一大師

弘一大師曾在他的專著中提到：作為出家人，他認為應該做到「靜查己過，勿論人非」。要知道，佛祖釋迦牟尼在世時最痛恨的就是談論他人的是非。的確，論是非並不是一個好的行為方式，難怪古人曾如此告誡世人：「時時檢點自己且不暇，豈有工夫檢點他人。」而且聖人孔子也曾說過：「躬自厚而薄責於人。」其意思無非是想讓我們在靜查己過的同時勿論人非。

「靜坐常思自己過，閒談莫論他人非」，這是古人修身的名言，告誡人們要常懷自省之心，檢討自己的過失，閒談之時，不要談論他人是非。提高品德修養，常懷寬闊胸襟，嚴以律己，寬以待人，這於個人修身確實重要。

尤其是在現代社會，「靜查己過，勿論人非」已經是一個有責任的現代人必備的品質。兩千多年前孔子能「一日三省吾身」；諸葛亮亦云：「靜以修身，儉以養德」；唐太宗採納魏徵的諫議，以人為鑑，以史為鑑……所以，他們能有千古傳誦的美德。「君子之過如日月之食焉，過也，人皆見之；更也，人皆仰之。」我們應該有自省的勇氣和毅力，能檢討自己的思想和行為，開展自我批評，發現問題，立即改正，努力完善自己，使自己的行為符合社會道德，符合民情，符合法律規範。而「勿論人非」則又體現出了古人對於為人處世的另一層哲理性的思考與智慧。的確，有是非之言的地方便成了是非之地。人生在世，你有你的是非，他有他的是非，是非總是講不清的，而人往往容易為是非所累。

有這樣一個大家耳熟能詳的故事：祖孫倆買了一頭驢，爺爺讓孫子騎著走時，別人議論孫子不懂孝敬，孫子讓爺爺騎著走時，有人指責爺爺不疼愛孫子；祖孫倆乾脆都不騎了，又有人笑話他倆放著驢不騎是傻瓜；祖孫倆同時騎在驢背上又有人指責他們不愛護動物。結果，不知所措的爺孫倆只好綁起驢扛著走了。他們就是深為那些「是非」所累。

的確，所謂的「是非」本身就是極其無聊的談資，沒有任何的意義。而且那些喜歡在背後議論他人、搬弄是非的人往往也是最可惡的人。其實，背後議論別人並非是什麼好事，也不是正人君子的作風，做人就應該做得光明磊落，有話就當其面說，不要在背後搞任何的小動作，要知道，一味地去搬弄是非不僅是害人，同時也是在害己，對於自身而言也沒有任何好處，反而讓人看不起。

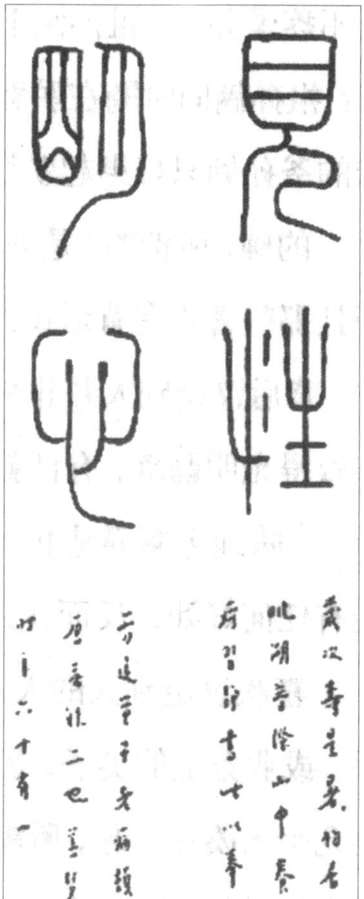

喜歡議論別人的人幾乎都是庸庸碌碌之人，而絕非是工作上的能手，或業務上的高手。因為發表議論需要時間，而且要找恰當時間，還要幾個人湊在一起，所需要的時間就更長。做正經事的人絕沒有這麼多的閒置時間，他們總是覺得時間不夠用，也就不可能把時間浪費在此無聊之事上。所以從這點上講，喜歡議論別人的人整體上來講都是格調不高之人。這也充分體現了「物以類聚，人以群分」的道理。

喜歡議論別人的人一般都是內心比較狹隘的人，看不得別人超過自己。因為他們所談論的一般都是人家的不是，否則就不必在背後議論了。好的話為什麼不講在當面，別人高興，自己也覺得痛快呢？所以說喜歡議論別人的人的嫉妒心理是很強的。看到別人比自己強，或是工作上出色，作出了成績；或是家庭幸福、婚姻美滿；或是子女比自己的強……總而言之就是容不得別人幸福。看到別人超過自己一點兒，馬上心理上就不平衡，於是總要設法發洩一下，議論人的缺點成了最好的發洩方式。在他們眼裡，即便是優點也會變成缺點，做得再好也是自私。

喜歡議論別人，對別人能夠明察秋毫，而對自己卻不能有個清醒的認識。越是喜歡議論別人的人，他自己本身就有許多缺點，可他卻從不正視，絕不作自我批評。實際上，議論別人成了掩蓋自己缺點的外衣。越是這樣，缺點得不到改正，長此以往，壞習慣就養成了。到頭來對自己沒什麼好處，對他人來講也不會有什麼好的影響。「正己才能正人」，不能律己，又何以要求別人呢？背後議論人者，有些人是出於無聊之極，把議論別人當作一種消遣，而且自身從不考慮自己的言論將會對別人產生怎樣的後果。其實這種人有時並未有什麼不良企圖，只是為了痛快自己的嘴。可是說者無心，聽者卻可能有意。無意中講的話，很可能就被有意者斷章取義，用作攻擊被議論者的武器，卻還反咬一口，嫁禍於無意講話之人。到頭來無意也成了有意，有嘴也說不清。更何況，什麼事情都應辯證地去看，被議論的滋味並不好受。「己所不欲，勿施於人」，自己不願接受的事，為什麼要強加於別人呢？

那些有意議論者，則多是出於某種惡意的心理，而且多數是搬弄是非之人。他們就是靠對別人說長道短來達到自己某種不可告人的目的。或是挑撥是非，或是嫁禍於人，或是有意想把某人拉下馬，趕下臺。這種人可以稱之為陰謀家，是很危險的人物。在某一段時間內，這種人可能很得勢，因為能言善辯，巧於言辭，又很會察言觀色，所以他們的目的有可能達到。但如果總是故技重演，就難免會被別人發現。中國有句古話，「多行不義必自斃」，謊話說夠一萬次也成不了真理，費盡心機，最終只會落得身敗名裂。畢竟還是好人、善良人多，那些故意搬弄是非的人市場是很小的。

中國有句俗語：「寧在人前罵人，不在人後說人。」別人有缺點和不足之處，你可以當面指出，令他改正，但千萬不可當面不說，而背後則說個沒完，我們應該時刻謹記：「靜查己過，勿論人非。」做個堂堂正正的人。

不要被偶像壓倒

凡剃髮披袈裟者，皆是釋迦佛子，在家人見之，應一例生恭敬心；不可分別持戒破戒。

若皈依三寶時，禮一出家人爲師而作證明者，不可妄云皈依某人。因所皈依者爲僧，非皈依某一人，應於一切僧眾，若賢若愚，生平等心，至誠恭敬，尊之爲師，自稱弟子。則與皈依僧伽之義，乃符合矣。

——弘一大師

人。

弘一大師是十分反對所謂的偶像崇拜的，他認為：只要是剃光頭髮、身穿袈裟的人都是佛的弟子，都對他們表示尊重和恭敬。而作為出家人就應該遵守佛教的規定，要時刻記住自己皈依的並不是某一個人，而是真正的智慧。這樣才能算得上是一個真正合格的出家人。

在佛教裡，有這樣一個故事，很好地說明了不要被偶像壓倒的道理吧。

一天，一個衣衫襤褸的窮人來到榮西禪師面前，向他哭訴：「我們家已經好幾天揭不開鍋了，上有老，下有小，一家人眼看就要餓死了，師父慈悲，救救我們吧，我們一家人將感恩不盡，永遠記得師父的恩德……」

榮西禪師面露難色，雖然他想救這家人，可是連年大旱，寺裡也是吃了上頓沒下頓，讓他如何救這家可憐的窮人呢？榮西禪師一時束手無策。

突然，他看到身旁的佛像，佛像身上是鍍金的，於是他就毫不猶豫地攀到了佛像上，用刀將佛像上的金子刮了下來，用布包好，然後交給窮漢，說道：「這些金子，你拿去賣掉。」

那個窮人看到禪師這樣，於心不忍地說：「我這是罪過呀，逼得禪師為難！」

榮西禪師的弟子也忍不住地說：「佛祖身上的金子就是佛祖的衣服，師傅怎可拿去送人！這不是冒犯佛祖嗎？不是對佛祖的大不敬嗎？」

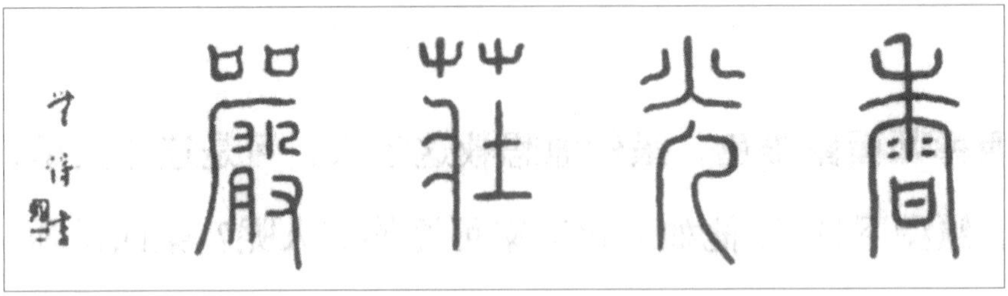

榮西禪師義正詞嚴的回答：「你說的對，可是我佛慈悲，他肯定願意用自己身上的肉來佈施眾生，這正是我佛的心願啊，更何況只是在他身上的衣服呢！這家人眼看就要餓死了，即使把整個佛身都給了他，也是符合佛的願望的。如果我這樣做要入地獄的話，只要能夠拯救眾生，那我赴湯蹈火，也在所不辭！」

盲目地崇拜權威而不能體會權威的意思，是一件可悲的事。信仰，應當體現在用行動來實踐教義上，而不必被偶像壓倒，做頂禮膜拜的傻事。

對於我們每一個人而言，我們可以去欣賞和學習偶像某個優秀的地方，但是我們絕對不能因為偶像崇拜而迷失了自我，進而讓自己受到束縛，並且活活地被偶像所壓迫。

中國禪宗有一句話：「踏破毗盧頂上行。」連佛的境界都要一腳踏開，才能真正成佛。一個修行的人一定不要被偶像壓倒，而是要壓倒偶像，這樣才能獲得真正的智慧解脫。

凡事都得有一定的約束

「持戒」二字的意義，我想諸位總是明白的吧！我們不說修到菩薩或佛的地位，就是想來生再做人，最低的限度，也要能持五戒。可惜現在受戒的人雖多，只是掛個名而已，切切實實能持戒的卻很少。要知道：受戒之後，若不持戒，所犯的罪，比不受戒的人要加倍的大，所以我時常勸人不要隨便受戒。至於現在一般傳戒的情形，看了眞痛心，我實在說也不忍說了！我想最好還是隨自己的力量去受戒，萬不可敷衍門面，自尋苦惱。

——弘一大師

佛法中之所以存在十分嚴格的「持戒」，是因為任何事物都需要有一定的約束。因此，弘一大師的一生都是十分看重受戒的，而且他認為要受戒就一定要堅持，倘若只是掛個名或者明知故犯則是最不好的，那還不如不去受戒。因此，約束是一件非常嚴肅的事情，一定要去認真對待。

俗話說：「沒有規矩，無以成方圓。」的確，世間的萬事萬物都是要受到一定的約束的，沒有一個事物是絕對自由的。

生活中的很多人都崇尚自由，反對約束，但世界上有絕對的自由嗎？正如歌德所說：「一個人只要宣稱自己是自由的，就會同時感到他是受限制的。如果你敢於宣稱自己是受限制的，你就會感到自己是自由的。」只有約束的自由是常態，但世上並沒有無約束的自由，而只有不同約束條件下的自由。

賈平凹筆下的雲雀總以為籠子是牠的束縛，想方設法地逃離那裡，飛向心中的自由之所——天空；後來，牠發現籠子外的世界有太多危機，有太多的艱辛束縛著牠，使牠疲憊，於是牠回到了那個原本是約束，現在又再度成為牠眼中自由的地方——籠子。

從這隻平凡的雲雀身上，我們不難看出，約束和自由並非絕對的，而是相對的。有了約束才會有自由，因為自由存在的前提是束縛，沒有各種各樣諸如道德法律上的約束和規定，或者各種人為的規則和要求，自由就無從談起；另一方面，沒有自由，約束也就失去了其本身具有的意義和作用。

所以，自由和約束看似矛盾，卻又息息相關。

不僅是人，在自然界亦如此。想必大家都知道「大魚吃小魚，小魚吃蝦米。」這句話闡述的就是生物鏈，而生物鏈就是自然界中的自由與約束的關係。沒有一種生物是沒有天敵的，牠們在和同類生活的同時，也必然要提防著天敵的襲擊。假設哪天獅子不吃羊了，或是豹不食兔子了，所有動物都安樂地繁殖，那麼終有一天，世界上的動物會越來越多，那麼除了「人口危機」外，還會出現「動物危機」，到時候動物們是不是也需要找一個星球來移居呢？

人與動物的最根本的區別便在於，人有一種非凡的能力，那便是：人懂得自我約束。

約束，看似抽象，事實上，世界萬物都是由它構成的。河床是河流的約束，如果河流沒有了河床的約束，那麼它將氾濫成災；軌道是火車的約束，如果火車失去了軌道，那麼它將無法行駛；土壤是植物的約束，如果植物離開了土壤，那麼它將不能生存。

法律與理智是人的約束，如果人失去了理智，沒有了法律與規定的約束，那麼這個世界將一片狼藉，又怎能有今天的文明呢？

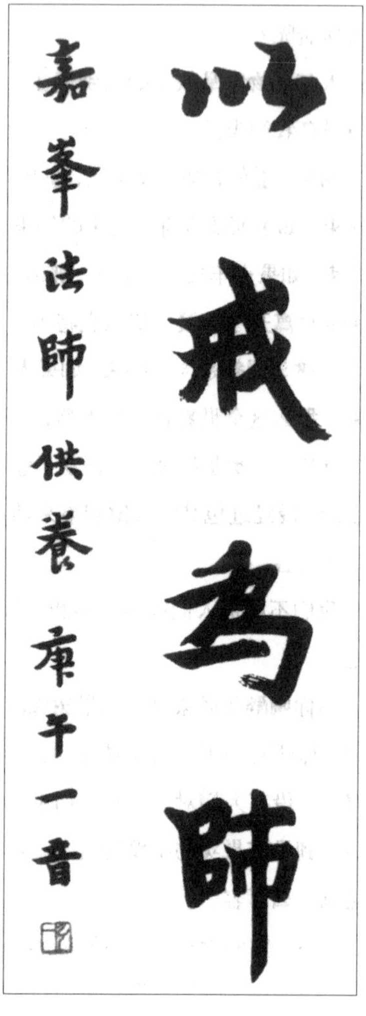

其實，人類是經過了無數次「包裝」的，約束就是那一層又一層的包裝紙，沒經過包裝的人做起事來隨心所欲，無法無天，這種人將無法立足於社會。

我們不願被人們拋棄，不想被社會淘汰，那麼，我們就必須約束自己。

當你陶醉於碩果滿枝的果樹園時，當你迷戀於賞心悅目的花草時，當你折服於巧奪天工的盆景時，你可曾想到：如果沒有人們對它們的精心修剪，沒有人們對它們的「約束」，它們將會是一副什麼樣子？大概只會看到沒有果實的紛繁的枝葉，雜亂無序的花草，更不可想像那盆景又是副什麼尊容。

是的，方向盤對車輪的限制、約束，是為了不讓它走錯路，以致於跌到深淵之中。人們對花、草、樹、木的約束也是為了塑造它們美的氣質，讓它們成為供人觀賞的東西。

因此，約束是必要的，而且對人對事物的成就具有促進的作用。放任自由只會導致氾濫成災，只有約束才能成就秩序，成就和諧，成就人生的圓滿。

自然界本身就是有規律的，而這其中也蘊含了無限的禪機。所謂春有百花秋有月、夏有涼風冬有雪。自然界本身就按照自己的規律運行著，而人作爲自然界中的一分子，更是應該瞭解並且遵循自然界的規律並且最終達到與自然的和諧、圓融。

自尊是生命的衣裳

「尊」是尊重，「自尊」就是自己尊重自己，可是人人都喜歡別人尊重自己，而不知自己尊重自己，也不知道要想人家尊重自己，必須從自己尊重自己做起。怎樣尊重自己呢？就是自己時時想著：我當做一個偉大的人，做一個了不起的人。比如我們想做一位清淨的高僧吧，就拿《高僧傳》來讀，看他們怎樣行，我也怎樣行，所謂：「彼既丈夫我亦爾。」又比方我想將來做一位大菩薩，那麼，就應當依佛經中所記載的菩薩的行爲，盡力去做。這就是自尊。但自尊與驕傲不同：驕傲是妄自尊大，目空一切的胡亂行爲；自尊是自己增進自己的德業，其中並沒有一絲一毫看不起人的意思的。

——弘一大師

生活在世間的人，必須學會自尊。佛教教義其實和世間諸法很多相似，佛法也講究自尊。弘一大師的意思很明確，那就是說，一個人，不能自己看輕自己，而應該自己尊重自己，只有這樣才不會妄自菲薄，才會朝更高遠的目標前進，才能創造出屬於自己的價值。

其實，在自然界，萬事萬物都是有著自身的尊嚴的。

你見過活著的珊瑚嗎？它生活在幽深無比的海底，在海水的懷抱裡它是柔軟的，並隨海水流動的節奏而柔舞，那麼聖潔，那麼純美。但是如果採珊瑚的人出現了，毫不憐惜地把它帶出水面，那麼這時珊瑚就會變得無比的堅硬，在遠離大海的燦爛的陽光下，珊瑚只是一具慘白僵硬的骨骼。

誰都知道麝香是一種名貴的藥材，也是珍貴的香料，而實際上麝香不過是鹿臍下的分泌物而已。想要獲得麝香就必須捕殺鹿。鹿生活在密林深處，身手矯健，來去如飛，如果不是一流的獵手，根本難以追尋牠的足跡。就是找到了鹿，取麝香也是極困難的事，要靠近牠，千萬要屏息凝神，不能讓牠感覺到你的存在，否則牠會轉過頭來在你射殺牠之前咬破自己的麝香。

在自然界，有一些生物比人類還要有尊嚴。當生命要遭到無情的踐踏時，會用改變、放棄、死亡捍衛自己的尊嚴。自尊自愛，作為一種力求完善的動力，是一切偉大事業的淵源。

德山禪師悟道後，把《霄龍疏抄》付之一炬，慨然歎曰：「窮盡無數思辯玄論，也不過像放在太空中的一根毫毛；用盡天下計謀巧智，也不過像投入山谷裡的一滴水珠。」

德山悟道後才明白佛法其實只在心中，很多人祈求看書看成佛，不是在緣木求魚嗎？佛就是自我，自我就是佛，成佛和做人一樣，它需要智慧和積極的行動，重要的是自己的膽量和魄力，沒有人能代替你自己，你的生命才是你智慧與力量的源泉。

自尊是一種高尚的人格，巴爾扎克認為人之所以為人的內在品質便是人格，自尊是一個人品德、形象、氣質的基礎，沒有自尊，一個的品德和名譽便會打折扣，所以，無論什麼時候，在什麼地方，我們都一定要做到自尊自重。

有一次貝多芬和歌德在熱烈的討論，這時德國的皇后和皇太子從他們身邊走過，並向他們脫帽致敬，親熱地打招呼，貝多芬卻把頭一昂，似乎什麼也沒有看見似的，歌德卻受寵若驚，趕忙抖抖身上的塵灰，整整衣領，脫下帽子拿在手上，迎上去向皇后他們彎腰致敬，看見歌德這種卑躬屈膝的樣子，貝多芬先前心目中這位詩人高大的形象頓時土崩瓦解了。

自尊自愛是一個獨立自主的人所必備的品格，智利作家尼高美德斯．古曼說過：「尊嚴是人類靈魂中不可糟蹋的東西。」俄國作家陀思妥耶夫斯基也說過：「如果你想受尊敬，那麼首要的一點說法是你得尊敬你自己，只有尊重自己，才能贏得別人的尊重。」

一個人無論地位、才能平凡還是卓越，只有懂得尊重自己，才能夠贏得別人的尊重，人，不應看輕自己，每個人都是獨立的個體，都應做天地間大器的人，不重則不威，自己不尊重自己，則任何人都可以踐踏你。懂得做人做事的學問，懂得尊重人的道理，才能做事盡心盡力，正確面對自己的人生。

有一首詩這麼說：佛在心中莫浪求，靈山只在汝心頭。人人有個靈山塔，只向靈山塔下修。正如詩中所說，人人心中都有一座靈山塔，一個人只有自己尊重自己，自己相信自己，才能不外求諸像，最終修得正果。

過而改之，善莫大焉

改，省察以後，若知是過，即力改之。諸君應知改過之事，乃是十分光明磊落，足以表示偉大之人格。故子貢云：「君子之過也，如日月之食焉；過也人皆見之，更也人皆仰之。」又古人云：「過而能知，可以謂明。知而能改，可以即聖。」諸君可不勉乎！

——弘一大師

佛語說：放下屠刀，立地成佛。在弘一大師的眼裡，人是不怕犯錯誤的。怕就怕同樣的錯誤卻一犯再犯，要知道，孔子曾經說過：「過而改之，善莫大焉！」知錯能改本身就是一種難得的品質。

朝陽升起之前，廟前山門外凝滿露珠的春草裡，跪著一個人：「師父，請原諒我。」他是某城風流的浪子。

二十年前他曾是廟裡的小沙彌，極得方丈寵愛。方丈將畢生所學全數教授，希望他能成為出色的佛門徒弟。他卻在一夜間動了凡心，偷偷下了山；五光十色的城市迷住了他的眼目，從此花街柳巷，他只管放浪形骸。夜夜都是春，卻夜夜不是春。二十年後的一個深夜，他陡然驚醒，窗外月色如洗，澄明清澈地灑在他的掌心。他忽然懺悔了，披衣而起，快馬加鞭趕往寺裡。「師父，您肯饒恕我，再收我做徒弟嗎？」方丈深深厭惡他的放蕩，只是搖頭：「不，你罪過深重，必墮阿鼻地獄，要想佛祖饒恕，除非連桌子也會開花。」浪子失望地離開了。

第二天早上，方丈踏進佛堂的時候，驚呆了：一夜間，佛桌上開滿了大簇大簇的花朵，紅的，白的，每一朵都芳香逼人，佛堂裡一絲風也沒有，那些盛開的花朵卻簌簌急搖，彷彿是焦灼的召喚。方丈在瞬間大徹大悟，他連忙下山尋找浪子，卻已經來不及了，心灰意冷的浪子重又墮入他過去的荒唐生活。

而佛桌上開出的那些花朵，只開放了短短的一天。是夜，方丈圓寂，臨終遺言：這世上，沒有什麼歧途不可以回頭，沒有什麼錯誤不可以改正。一顆真誠向善的心，是最罕有的奇跡，好像佛桌上開出的花朵。而讓奇跡隕滅的，不是錯誤，是一顆冰冷的、不肯原諒、不肯相信的心。

人無完人，金無足赤。人在這個世界上生活、工作，就難免會犯錯誤，錯了並沒有什麼，而知錯能改才是最重要的；當別人犯了錯誤的時候，以寬容的心態來對待，給他反省的機會。從某種意義上講，寬容是一種無聲的教育。一個寬容的人，到處可以契機應緣，和諧圓滿，笑對人生。

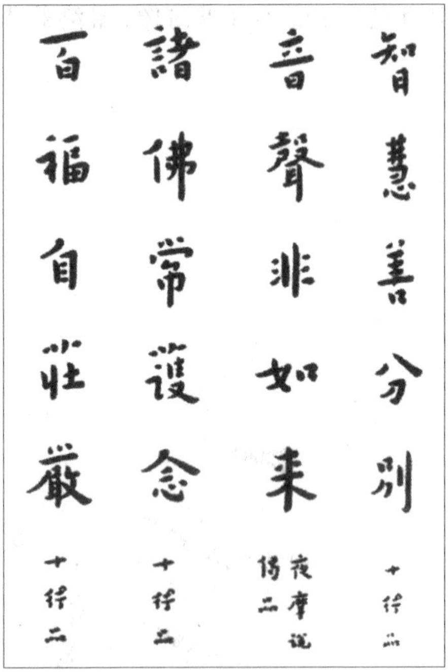

弘一大師書華嚴經聯句之一

以品德去感召他人

《華嚴經．行願品》末卷所列十種廣大行願中，第八曰常隨佛學。若依華嚴經文所載種種神通妙用，絕非凡夫所能隨學。但其他經律等，載佛所行事，有爲我等凡夫作模範，無論何人皆可隨學者，亦屢見之。今且舉七事。

一、佛自掃地

二、佛自舁（音餘，即共扛抬也）弟子及自汲水

《五分律佛制飲酒戒．緣起》云：婆伽陀比丘、以降龍故，得酒醉。衣缽縱橫。佛與阿難舁至井邊。佛自汲水、阿難洗之等。

三、佛自修房

《十誦律》云：佛在阿羅毗國。

四、佛自洗病比丘及自看病

五、佛爲弟子裁衣

六、佛自爲老比丘穿針

七、佛自乞僧舉過

——弘一大師

佛教是一個非常講究以品德去感召他人的宗教，佛教的創始人釋迦牟尼就真正做到了以德服人。他曾自己掃地、自己修理房屋、為弟子裁衣、為老人穿針、照顧生病的弟子，等等。佛祖自始至終都以弘揚佛法為己任，他的每一個行為都可作為他人的模範，體現出了內在高尚的品德，也正是他的這種品德才感召了無數的弟子，並最終讓佛法發揚光大。

在我們這個有著傳統美德的文明古國，歷來最看重最講究的就是要以德服人。無論是王侯將相的「寶座」，或者是武林盟主的「交椅」，最主要的一條標準就是「有德者居之」。缺德者即使一時投機鑽營爬了上去，遲早也會從上面狼狽地「滾」下來。

道理能征服人，主要靠真理的力量；道德能征服人，主要靠人格的力量。人格和德行作為一種非智力因素，儘管不是道理，但往往勝於道理。我們常講，德高望重，其實，「德高」不僅能「望重」，而且能「言重」，即增加講道理的分量。從某種意義上說，德行是形象的道理，道理是抽象的德行；道德的滑坡是最危險的滑坡，人格的缺失是最可怕的缺失。

的確，古人所強調的「其身正，不令而行；其身不正，雖令而不從」，因此，讓別人心服口服的方法並非是用武力去征服別人，或者用權勢使之屈服，而是依靠道德，用德來使人心服口服。

戰國時齊宣王想做霸主，便向孟子請教。孟子說他不講霸道，只講王道，希望齊宣王行仁政，用道德的力量來統一天下。並說，對於國君來說，是否這樣做，只存在肯為不肯為的，不存在能做不能做的問題。

接著，孟子舉了一個有名的例子，他說：「挾泰山以超北海，語人曰：『我不能。』是誠不能也。為長者折枝，語人曰：『我不能。』是不為也，非不能也。故王之不王，非挾泰山以超北海之類也；王之不王，是折枝之類也。」

這段話的意思是說：把泰山夾在胳膊底下跳過北海，告訴人說：「這個我辦不到。」這真是不能。替老年人折取樹枝，告訴人說：「這個我辦不到。」這是不肯做，不是不能做。大王您的不行仁政不是屬於把泰山夾在胳膊底下跳過北海一類，而是屬於替老年人折取樹枝一類。

孟子所舉的這個例子是很有說服力的。對於我們來說，是否做社會道德的實踐者，也是一個肯為不肯為的問題，而不是能做不能做的問題。

對於一個國家尚且可以用道德的王道來加以征服，那麼，對於單獨的個人而言則更是如此。不僅對朋友要以德服人，在對待敵人的時候，我們也切不可以怨報怨。

德的力量是無窮的，一個道德高尚的人不但能夠使自己成就不凡的人生，而且可以感化周圍的人，使善的力量遍及人間。因此，我們生活中的每個人，即使從來沒有瞭解過佛法，只要能夠培養自己的品德，並造福周邊的人，那就離佛的境界不遠了。

人生欲壑難填，惜福讓我們懂得勤儉節約，更加珍惜自己當下擁有的，少一些攀比，從而就不會放縱自己的欲望，學會知足常樂，讓心靈保持一種從容而淡泊的境界。

第七章

啜飲生活的甜美

心中不染銅臭

杭州葉洪五，九歲時，得噩夢，驚寤，嘔血滿床，久治不癒。先是彼甚聰穎，家人皆愛之，多與之錢，已積數千緡。至是，其祖母指錢曰：「病至不起，欲此何爲？」盡其所有，買物放生，及錢盡，病遂全癒矣。

——弘一大師

引言裡是弘一大師講述的一個故事，想要告訴我們的是一個人不要將錢財看的太重，人人都愛錢，但是當你即將離開這個世界的時候，你會發現，錢財真的一點用處也沒有。

佛教中有一戒便是手上不能拿金錢，而是十指相合，其中的意思便是教導世人不要讓金錢腐蝕了人的內心。其實要真正做到這一點還真是不容易，但是，我們一定要明白，我們應該有一個正確的金錢觀，從而過上更加幸福的生活。

金錢對於我們的生活來說，的確很重要，但我們必須清楚的則是金錢並不是萬能的，掙錢的目的是為了讓自己的生活過得更好，所以錢不是神，而是僕人，如果一個人成為了金錢的奴隸，那麼，對於他而言，錢多有時候並非是一件好事，斂財往往要付出代價。有時候，有些人為了得到他喜歡的東西，殫精竭慮，費盡心機，更甚者可能會不擇手段，以至走向極端，也許他得到了他喜歡的東西，但是在他追逐的過程中，失去的東西也無法計算，他付出的代價是其得到的東西無法彌補的，也許那代價是沉重的，只是直到最後才會被他們發現罷了，更可悲的是，當他發現的時候，一切都太晚了，抑或敗局已定，抑或損失、傷害業已造成。

古時有一個國王非常富有，但他還是不滿足，希望自己更富有，他甚至希望有一天，要他摸過的東西都能變成金子。

結果，這個願望終於實現了，天神給了國王這一份厚禮，國王非常高興，因為只要他伸出摸任何物品，那個物品就會變成黃金。他開心地用手觸摸家中的每樣傢俱，頓時每樣東西都會變成黃澄澄的金子了。

此時，國王心愛的小女兒高興地跑過來，國王伸出手擁抱她，立刻他活潑可愛的小公主就變成一尊冰冷的金人了，他傻眼了。

如果我們不能很好地去把握和控制金錢，那麼，錢越多，對於我們而言則害處越大，因此，我們必須要明白，我們必須做金錢的主人，而不是金錢的奴隸，要知道：金錢並不是生活的全部，生活有著比金錢更重要的東西。

清朝山西太原有一商人，生意做紅火了，長年財源滾滾，雖然請了好幾名帳房先生，但總帳還是靠他自己算，錢的進項又多又大，他天天從早晨打算盤熬到深更半夜，累得他腰痠背痛頭昏眼花，夜晚上床後又想到明天的生意，一想到白花花的銀子又興奮又激動，這樣，白天忙的不能睡覺，夜晚興奮的睡不著覺。這老頭患上了嚴重的失眠症，老頭隔壁靠做豆腐為生的小倆口，每天清早起來磨豆漿，做豆腐，說說笑笑，快快活活，甜甜蜜蜜，牆這邊的富老頭只有在床上翻來覆去，搖頭歎息，對這對窮夫妻又羨慕又嫉妒，他的太太說：「老爺，我們要這麼多銀子有什麼用，整天又累又擔心，還不如隔壁的那對窮夫妻活得開心。」

金錢並不是唯一能夠滿足心靈的東西，雖然它能為心靈的滿足提供多種手段和工具，但是在現實生活中，你卻不能只顧享受金錢而不去享受生活。享受金錢只能讓自己早日墮落，而享受生活卻能夠使自己不斷品嘗人生的幸福。享受金錢會使自己被金錢的惡魔無情的纏繞，於是自己的生活主題只有「金錢」兩個字，整天為金錢所困擾，為金錢而難受，為金錢而痛苦，生活便會淪為圍繞一張鈔票而上演的鬧劇。享受生活的人則不在於自己有多少金錢，多可以過，少一樣可以過，問題是自己處處能夠感悟疲乏生活。享受金錢的人最後會被金錢妖魔化，絕對沒有好的下場，享受生活的人會感覺人生是無限美好的，於是越活越有味道。

對待金錢必須要拿得起放得下，賺錢是為了生活，但活著絕不是為了賺錢，假如人活著只把追逐金錢作為人生唯一的目標和宗旨，那人將是一種很可憐的動物，人將會被自己所製造出來的這種工具捆綁著，被生活所遺棄。

一個人，特別是一個學佛的人，心要像明月一樣皎潔，要像天空一樣淡泊，這樣能與人無爭，與世無爭，人世皆無爭，就能心安，才能做一名淡泊的真正心中不染銅臭的人。

人到無求品自高

大師爲陝西人。幼讀儒書，二十一歲出家，三十三歲居普陀山，歷二十年，人鮮知者。至一九一一年，師五十二歲時，始有人以師文隱名登入《上海佛學叢報》者。一九一七年，師五十七歲，乃有人刊其信稿一小冊。至一九一八年，師五十八歲，即余出家之年，是年春，乃刊《文鈔》一冊，世遂稍有知師名者。以後續刊《文鈔》二冊，又增爲四冊，於是知名者漸眾。有通信問法者，有親至普陀參禮者。一九三○年，師七十歲，移居蘇州報國寺。此後十年，爲弘法最盛之時期。一九三七年，戰事起，乃移靈岩山，遂興念佛之大道場。一九四○年十一月初四日生西。生平不求名譽，他人有作文讚揚師德者，輒痛斥之。不貪蓄財物，他人供養錢財者至多，師以印佛書流通，或救濟災難等。一生不蓄剃度弟子，而全國僧眾多欽服其教化。一生不任寺中住持、監院等職，而全國寺院多蒙其護法。各處寺房或寺產，有受人占奪者，師必爲盡力設法以保全之。故綜觀師之一生而言，在師自己，絕不求名利恭敬，而於實際上，能令一切眾生皆受莫大之利益。

——弘一大師

弘一大師非常推崇印光法師。生平不求名譽，別人有寫文章讚揚他的師德的，他都對此進行斥責。而且大師一生都不曾貪蓄財物，他人供養的眾多錢財，大師都用在了弘揚佛法一事上，或救濟災難等。一生都沒有剃度弟子，而全國僧眾多欽服他的教化。一生中也不曾任寺中住持、監院等職，而全國寺院多蒙其護法。各處寺房或寺產，有被人占奪的，大師必定盡力設法加以保全。綜觀大師的一生，他絕不求名利恭敬，而實際上，能令一切眾生都受到莫大的利益。

「無欲則剛」這一警句可以作為我們立身行事的指南。是的，人若無欲品自高，就是說，人若沒有私欲，品格自然高峻清潔、不染塵泥。

一個人對外物的追求沒有止境，他的生命已經滿溢著各種各樣的人世知識，哪還有再追求的可能。因此，一個人要想使自己的智慧清明起來，必須先放下一切，使自己真正空起來，才能擁有無限的可能。

一個人做到無欲的時侯，就是放棄了心中的雜念，就是清空了心靈裡面世俗生活積存下來的枯枝敗葉。清空了心靈，才能最大限度地獲得生命的自由、獨立；清空了心靈，才能有了讓生命一次次遠行的條件。人格的偉大之處就在於：他能超出了欲望的需求而追求品德的完善。

趙州禪師語錄中有這樣一則：

問：「白雲自在時如何？」師云：「爭似春風處處閒！」

看，那天邊的白雲什麼時候才能逍遙自在呢？就在他像那輕柔的春風一樣，內心充滿閒適，本性處於安靜的狀態，他沒有任何的非分追求和物質欲望，放下了世間的一切，它就能逍遙自在了。

能夠放下世間的一切假象，不為虛妄所動，不為功名利祿所誘惑，一個人才能體會到自己的真正本性，看清本來的自己。無數的事實證明，凡追求人格高尚者都信仰「人到無求品自高」。因此，能夠遵循人格的要求，有所為，有所不為，能夠「不降其志，不辱其身」。

布袋和尚曾寫過一首詩：

「一缽千家飯，孤身萬里遊，
睹人青眼少，問路白雲頭。」

如果一個人能夠體悟到其中的妙處，自然就會因得道而逍遙。

學會懺悔

我一到南普陀寺，就想來養正院和諸位法師講談講談，原定的題目是「余之懺悔……」

——弘一大師

在日常修行中，弘一大師很注重懺悔。他時時都將懺悔放在心上，並十分懇切地想把懺悔的功用告訴別人。

西方一位作家說：「懺悔和愛是兩種美德。」一個人，如果想要不停地增進自己的道德，就需要不斷地進行自我懺悔。然而，在這個世界上能夠真誠懺悔的人，畢竟是不多的。孔子說的「吾日三省吾身」，雖然含有懺悔的因素，但並不是真正意義上的懺悔。佛經中講「無懺悔者，不為人，名為畜生。」講的正是地地道道的懺悔了。宗教裡，懺悔是重要的法，指明懺悔是生命之復活。

佛經中記載了這樣一則懺悔的故事：

秋去冬來，不知不覺又到了歲末。佛陀讓弟子們在園精舍的庭園中豎起一根大鐵柱。弟子們雖然不明白佛陀的用意，但還是照辦了。

在新年的前夜，佛陀叫來阿難，請他先去沐浴，然後換上一件新袈裟。等阿難梳洗完後，穿著新裝再次來到佛陀面前時，佛陀慈愛地對阿難說：

「阿難！我要請你幫我做一件很重要的事。」

阿難急忙問：「世尊，您要我為您做什麼事？」

佛陀微微一笑，指著那根豎立在不遠處的鐵柱對阿難說：

「你去敲一敲那根鐵柱，一定要用力地敲、使勁地敲。」

阿難點頭答應後就匆忙走到那根鐵柱旁，拾起地上一塊堅硬的石頭，對著那根鐵柱先試著比劃幾下，隨後用力敲了一下。

猛然間，那根鐵柱發出極響亮的聲音，這聲音幾乎傳到整個舍衛國，連地獄裡的餓鬼和畜生道的畜生們也都聽見了。更奇怪的是，大家聽到這聲音後，所有的痛苦、煩惱都消失了。無論餓鬼或畜生都不再有痛苦和煩惱。這些事阿難在敲擊鐵柱前並沒有想到，事實上，連阿難自己也被聲音震撼了。

這聲音將在僧房中休息的比丘們召喚出來，他們都彙聚到講經堂。

佛陀對他們說：「眾位弟子，明天就開始新的一年，大家都學習一年的佛法了。現在你們應該反省一下自身，我也是同樣需要反省的。你們兩人一組，各自向對方檢討自己的過失，並要對自己所犯的過失做出懺悔，使自己的身心清淨不染雜念。」

所有弟子都遵從佛陀的吩咐，兩人一組，認真檢討自身，懺悔後重新回到自己的座位上。

這時候，佛陀慢慢從自己的座位上站起來，開口說道：

「剛才你們大家都檢討了自身，並為自己的過失做了懺悔。我剛才說過，我也同樣需要反省。」

佛陀停了一下，又再接著說：「其實我沒有做錯任何一件事，也沒有任何過失，但是為了訓誡你們，我也要做出反省，檢討自身。」緊接著，佛陀向大家做了懺悔，隨後才又坐了下來。

弟子們一見佛陀沒有任何過失，也檢討了自身，覺得自己還反省得不夠，於是都學著佛陀的樣子向所有在座的弟子們做了懺悔。

這一天中，有一萬個比丘感受到佛義，消除一切雜念，另有八千比丘修成了阿羅漢。

由故事可以看出，懺悔的力量真是無窮的大。

有位虔誠的佛教信徒，每天都從自家的花園中採擷鮮花到寺院供佛。一天，當她送花到佛殿時，碰巧遇上希德禪師從佛堂出來，希德禪師道：「你每天都這麼虔誠地以鮮花供佛，根據佛典記載，常以鮮花供佛者，來世當得莊嚴相貌的福報。」信徒聞言十分欣喜又有幾分疑惑：「我每次來您這裡禮佛時，覺得心靈就像洗滌過似的清涼，但回到家中，心就煩亂起來。作為一名家庭主婦，如何在煩囂的塵世中保持一顆清涼純潔的心呢？」希德禪師反問道：「你以花禮佛，對花草總有一些常識，我現在問你，你如何保持花朵的新鮮呢？」信徒答道：「保持花朵新鮮的方法，莫過於每天換水，並且在換水時把花梗剪去一截，因為這一截花梗已經腐爛，腐爛之後水分不易吸收，花就容易凋謝！」希德禪師說：「保持一顆清涼純潔的心也是這樣啊，我們生活的環境就像瓶中的水，我們就是花，唯有不停淨化我們的心靈，改變我們的氣質，並且不停地懺悔、檢討，改掉陋習、缺點，才能不斷吸收到大自然的養分啊。」信徒聽後，翻然醒悟。

流水不腐，戶樞不蠹，常用常新，時時拂拭，才能綿綿若存，真照無邊。

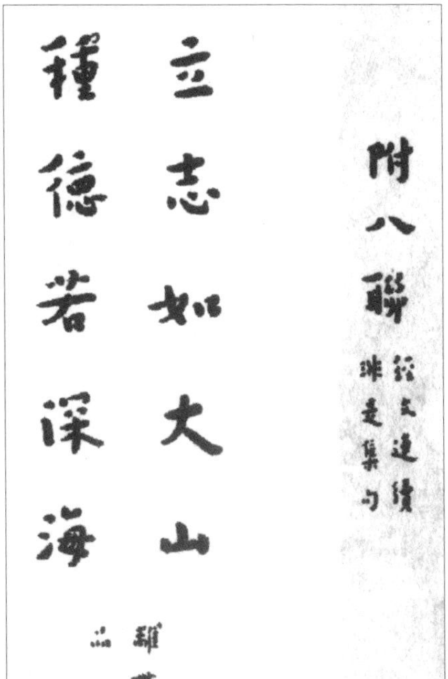

弘一大師書華嚴經聯句之一

懺悔並不是一件容易的事情，因為懺悔就意味著你完全坦露你的內心，正視自己的過失，而這本身對於任何一個人而言卻不是一件容易的事情。這都需要很大的勇氣來面對，只要是嚴肅而誠摯地展示自己的不為人知的瑕疵，便是走向那純潔、神聖的必由之路。

倘若我們能將懺悔融入到我們的生活之中，成為我們生活的一部分。那麼，懺悔對於我們而言或許並不是一件痛苦的事情，相反，它會是一種享受，你可以在懺悔中一直不停地進行思考直到疲倦為止，甚至可以用苛刻收容你過去所有的過失，讓這一切通過時間的作用變成神聖的永恆。

懺悔能潔淨我們的靈魂，在懺悔中，我們能認識並改正已犯下的過錯並且在此基礎上防止同樣的錯誤再次發生，不斷地改進並完善自身。

常常失敗常常悟

諸位要曉得：我的性情是很特別的，我只希望我的事情失敗，因爲事情失敗、不完滿，這才使我常常發大慚愧！能夠曉得自己的德行欠缺，自己的修善不足，那我才可努力用功，努力改過遷善！

——弘一大師

弘一大師曾這樣評價自己的性情：我的性情是很特別的，我只希望我的事情失敗，因為事情失敗、不完滿，這才使我常常發大慚愧！能夠曉得自己的德行欠缺，自己的修善不足，那我才可努力用功，努力改過遷善！

是的，一個人如果事情做完滿了，那麼這個人就會心滿意足，洋洋得意，反而增長他功高傲慢的念頭，生出種種的過失來！所以還是不去希望完滿的好！

不論什麼事，總希望他失敗，失敗才會發大慚愧！倘若因成功而得意，那就不得了啦！

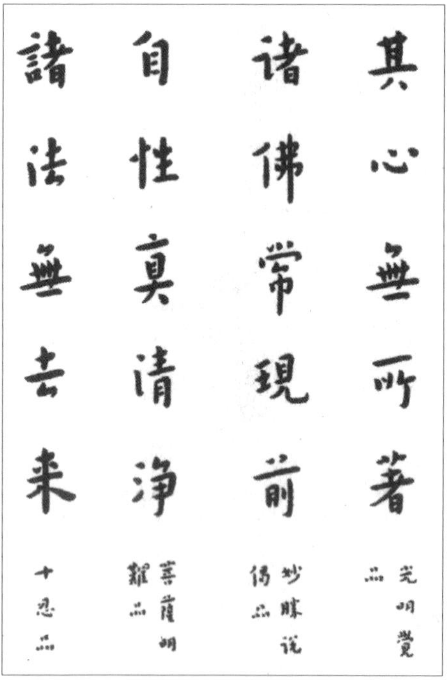

弘一大師書華嚴經聯句之一

一個屢屢失意的年輕人不遠萬里來到一座名廟，慕名尋到老僧慧圓，沮喪地對他說：「人生總不如意，活著也是苟且，有什麼意思呢？」

慧圓靜靜地聽著年輕人的歎息和絮叨，最後吩咐小和尚說：「施主遠道而來，燒一壺溫水送過來。」

稍頃，小和尚送來了一壺溫水，慧圓抓了茶葉放進杯子，然後用溫水沏了，放在茶几上，微笑著請年輕人喝茶。杯子冒出微微的水汽，茶葉靜靜浮著。年輕人困惑地詢問：「寶廟怎麼是溫茶？」

慧圓笑而不語，年輕人喝一口細品，不由搖搖頭：「一點茶香都沒有。」慧圓說：「這可是閩地名茶鐵觀音啊。」年輕人又端起杯子品嘗，然後肯定地說：「真的沒有一絲茶香。」

慧圓又吩咐小和尚：「再去燒一壺沸水送過來。」稍傾，小和尚便提著一壺冒著濃濃白氣的沸水進來。慧圓起身，又取過一個杯子，放茶葉，倒沸水，再放在茶几上。年輕人俯首看去，茶葉在杯子裡上下沉浮，絲絲清香不絕如縷，望而生津。

年輕人欲去端杯，慧圓作勢擋開，又提起水壺注入一線沸水。茶葉翻騰得更厲害了，一縷更醇厚更醉人的茶香嫋嫋升騰，在禪房裡瀰漫開來。慧圓如是注了六次水，杯子終於滿了，那綠綠的一杯茶水，端在手上清香撲鼻，入口沁人心脾。

慧圓笑著問：「施主可明白，同是鐵觀音，為什麼茶味迥異嗎？」

年輕人思忖著說：「一杯用溫水，一杯用沸水，沖沏的水不同。」

慧圓點頭：「用水不同，則茶葉的沉浮就不一樣。溫水沏茶，茶葉輕浮水上，怎會散發清香？沸水沏茶，反覆幾次，茶葉沉沉浮浮，最後釋放出四季的風韻：既有春的幽靜、夏的熾熱，又有秋的豐盈和冬的清冽。世間芸芸眾生，又何嘗不是沉浮的茶葉呢？那些不經風雨的人，就像溫水沏的茶葉，只在生活表面漂浮，根本浸泡不出生命的芳香；而那些櫛風沐雨的人，如同被沸水沖沏的茶，在滄桑歲月裡幾度沉浮，才有那沁人的清香。」

一個人應學會在失敗之後，反省自己，這樣才能不斷積累經驗，並不斷使自己臻於完美。

世間的人每天都在經歷著失敗，失敗是不可避免的，而且是經常光顧的，這個時候，我們應該抱著什麼樣的態度呢？那就是要時常體悟自身，總結失敗的教訓，找到成功的方法，以便能夠更進一步。一個人常常失敗，如果它能夠做到常常領悟自身，那麼，失敗對他來說，就像一塊塊墊腳石，將他引領到成功的彼岸。

不圓滿的人生

啊！再過一個多月，我的年紀要到六十了。像我出家以來，既然是無慚無愧，埋頭造惡，所以到現在所做的事，大半支離破碎不能圓滿，這個也是理所當然。只有對於養正院諸位同學，相處四年之久，有點不能忘情；我很盼望養正院從此以後，能夠復興起來，爲全國模範的僧學院。可是我的年紀老了，又沒有道德學問，我以後對於養正院，也只可說「愛莫能助」了。

——弘一大師

也許沒有人會認為自己的人生是完美的，其實弘一大師也同樣不例外，他在自己的花甲之年也同樣發出了「像我出家以來，既然是無慚無愧，埋頭造惡，所以到現在所做的事，大半支離破碎不能圓滿」之辭來表達自己對人生不完美的感慨。

佛說，我們這個世界是「娑婆世界」，這個世界中的所有事物都是不圓滿的，因此，人要正視自己的不圓滿，不要過度追求圓滿。

很多時候，人生並不總是因為全部擁有就感到幸福，相反卻因此而失去了很多的美麗，人生就像那九十九個髮夾，雖然不夠完美，但卻異常精彩，人生也正是因為這許多的缺憾才使得未來有了無限的轉機、無限的可能性。

的確，生命就像是一首高低起伏的樂章，高低錯落才會顯得生動而鮮活，所謂「如不如意，只在一念間。」人生的真相便是「不如意之事十有八九」。人生的不圓滿是需要我們去面對和承認的事實，但另一方面，我們也可以換一個角度來對此進行分析，其實人生的缺陷和不圓滿也是一種美，太過一帆風順、太過於完美，反而會令我們感到膩味無限心生厭倦而不值得珍惜了。

何止人生，世界上根本就沒有絕對完美的事物，完美的本身就意味著缺憾。其實，完美總包含某種不安及少許使我們振奮的缺憾。

最輝煌的人生，也有陰影陪襯。我們的人生劇本不可能完美，但是可以完整。當你感到了缺憾，你就體驗到了人生五味，你便擁有了完整人生——從缺憾中領略完美的人生。

在這個世界上，每個人都有自己的缺憾。只有缺憾人生，才是真正的人生。

法國詩人博納富瓦說得好：「生活中無完美，也不需要完美。」我們只有在鮮花凋謝的缺憾裡，才會更加珍視花朵盛開時的溫馨美麗；只有在人生苦短的愁緒中，才會更加熱愛生命擁抱真情；也只有在泥濘的人生路上，才能留下我們生命坎坷的足跡。

人生，永遠都是缺憾的。佛學裡把這個世界叫做「娑婆世界」，翻譯過來便是能容下您許多缺陷的世界。本來這個世界就是有缺憾的，如果沒有缺憾就不能稱其為「人世間」。在這個缺憾的世間，便有了缺憾的人生。因此蘇東坡詞曰：「月有陰晴圓缺，人有悲歡離合，此事古難全。」

臺灣作家劉墉先生寫過這樣一則故事：

他有一個朋友，單身半輩子，快五十歲了，突然結了婚，新娘跟他的年齡差不多，徐娘半老，風韻猶存。只是知道的朋友都竊竊私語：「那女人以前是個演員，嫁了兩任丈夫都離了婚，現在不紅了，由他撿了個剩貨。」話不知道是不是傳到了他朋友耳裡！

有一天，朋友跟劉墉出去，一邊開車，一邊笑道：「我這個人，年輕的時候就盼著開賓士車，沒錢買不起，現在呀，還是買不起，買輛二手車。」他開的確實是輛老車，劉墉左右看著說：「二手？看來很好哇！馬力也足。」

「是啊！」朋友大笑了起來，「舊車有什麼不好？就好像我太太，前面嫁了個四川人，又嫁了個上海人，還在演藝圈二十多年，大大小小的場面見多了，現在，老了，收了心，沒了以前的嬌氣、浮華氣，卻做得一手四川菜、上海菜，又懂得佈置家。講句實在話，她真正最完美的時候，反而都被我遇上了。」

「你說得真有理，」劉墉說，「別人不說，我真看不出來，她竟然是當年的那位豔星。」

「是啊！」他拍著方向盤，「其實想想自己，我又完美嗎？我還不是千瘡百孔，有過許多往事、許多荒唐事？正因為我們都走過了這些，所以兩個人都成熟，都知道讓，都知道忍，這不完美正是一種完美啊！……」

「不完美」正是一種完美！

我們老了，都鏽了，都千瘡百孔，總隔一陣子就去看醫生，來修補我們殘破的身軀，我們又何必要求自己擁有的人、事、物，都完美無瑕、沒有缺點呢？

人生原來就是不圓滿的，能夠認識到這一點，我們便不會去苛求我們的人生，也不會去苛求他人。只有一個懂得接受的人才會更懂得去珍惜。

人的弱點總是與優點相伴而生，雷厲風行的男人可能粗率，文靜的女孩可能不善於交際，體貼的男人可能太過細膩，有主見的女人則多固執。正如蘇東坡希望「鱸魚無骨海棠香」的那種完美，而在現實中恰恰是：鱸魚鮮美卻多骨，海棠嬌媚但無香。

面對人生缺憾，清人李密庵主張所謂「半」的人生哲學，日本有一派禪宗書道在揮毫潑墨時總留下幾處敗筆，都是旨在暗示人生沒有百分之百的圓滿完美。更有日本東照宮的設計者因為自覺太完美，恐怕會遭天譴，故意把其中一支樑柱的雕花顛倒。

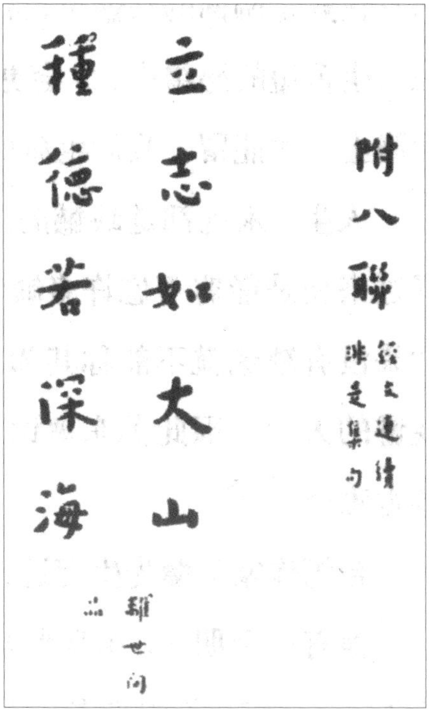

弘一大師書華嚴經聯句之一

「月盈則虧，水滿則溢」，完美狀態也是可怕的。這世界上的事物不僅相輔相成，也相反相成。人的運氣若是太好，另一種概率就會在負極聚集，所謂物極必反、樂極生悲。故智者「求缺」。

人生缺憾的必然性要求我們學會放棄。為了那些不能放棄的生命中重要的事情，我們必須放棄那些生命之外可以放棄的東西。

是的，完美的人生不是擁有一切，而是在人生的不完美與不圓滿中學會去珍惜所擁有的，並且去寬容人生的不完美或者不圓滿。世間的事就如心理學家研究後所說的：「不圓滿美好」，但是身為人的靈慧與美好就是：我們的念頭轉與不轉，是這個外在世界所不能去掌握的。所以，如果願意，轉個念頭，我們也可以讚歎星空燦爛的當下，換來如意人生，並且去接受世間種種的不完美與不圓滿。

知足常樂

事能知足心常愜。

知足常樂，終身不辱。知止常止，終身不恥。

我的棉被枕頭，還是出家以前所用的；又有一把洋傘，也是一九一一年買的。這些東西，即使有破爛的地方，請人用針線縫縫，仍舊同新的一樣了。簡單可盡我形受用著哩！不過，我所穿的小衫褲和羅漢草鞋一類的東西，卻須五六年一換，除此以外，一切衣物，大都是在家時候或是初出家時候製的。從前常有人送我好的衣服或別的珍貴之物，但我大半都轉送別人。因爲我知道我的福薄，好的東西是沒有膽量受用的。又如吃東西，只生病時候吃一些好的，除此以外，從不敢隨便亂買好的東西吃。

——弘一大師

弘一大師的棉被枕頭，還是出家以前所用的；又有一把洋傘，也是一九一一年買的。弘一大師總是說，這些東西，即使有破爛的地方，請人用針線縫縫，仍舊同新的一樣了。事能知足心常愜。弘一大師正是以他的那顆容易滿足的心，獲得了常人難以獲得的坦然和寧靜。

一個人學佛的目的就在於內心的清靜，如果一個人反而認為清靜是一種難耐的寂寞，那這個人永遠也學不成佛。

暇滿之身就是健康有閒，可是世界上的人有清閒不肯享受，有好身體，他要去消耗掉，而且真到了清閒暇滿，他自己反而悲哀起來。這就是佛所說的智慧的眾生顛倒吧。

所謂「人心不足蛇吞象」，人的欲望就如同宇宙中的黑洞一樣，是無法填滿的。如果任其膨脹，必將後患無窮。

有一個人，偶然在地上撿到一張千元大鈔，他得到這筆意外之財以後，總是低著頭走路，希望還能有這樣的運氣。久而久之，低頭走路成了他的一種生活習慣。若干年後，據他自己統計，總共拾到鈕扣近四萬顆，針四萬多根，錢則僅有幾塊，可是他卻成了一個嚴重駝背的人，而且在過去的幾年中，他沒有好好地去欣賞落日的絢麗、幼童的歡顏、大地的鳥語花香，並且把青春荒廢在了路上。

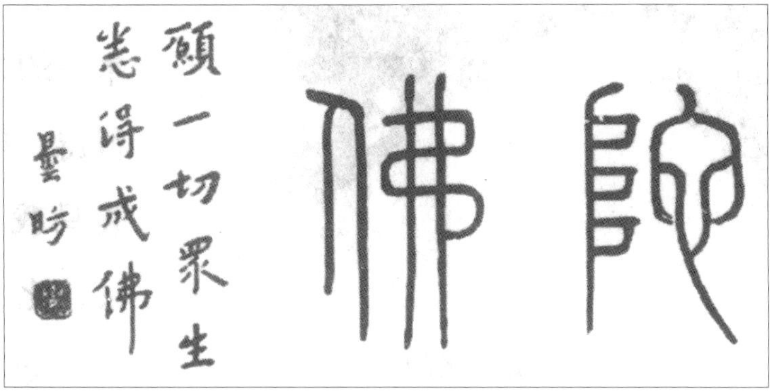

的確，人有了貪欲永遠都不會滿足，當然也就無從獲得快樂，要想真正享受人生的樂趣，我們就應該做到知足常樂。

有一張名字叫「知足常樂」的畫，上面的內容也許是一個古老的故事，一個騎高頭大馬的人昂首走在前面，一個騎毛驢的人悠閒地走在中間，走在後面的是滿頭大汗推著小木車的老漢，上面還有這麼幾行詩：世上紛紛說不平，他騎駿馬我騎驢，回頭看到推車漢，比上不足比下有餘。

知足常樂是一種看待事物發展的心態，不是安於現狀的驕傲自滿的過度追求態度。《大學》曰「止於至善」是說人應該懂得如何努力而達到最理想的境地和懂得自己該處於什麼位置是最好的。知足常樂，知前樂後，也是透析自我、放鬆自我，才不致好高騖遠，迷失方向，碌碌無為，心有餘而力不足，而弄得心力交瘁。

知足是一種處世態度，常樂是一種幽幽釋然的情懷。

知足常樂，貴在調節。可以從紛紜世事中解放出來，獨享個人，妙融融的空間，對內發現自己快樂的內心因素，對外發現人間真愛與秀美自然，把煩惱與壓力拋在九霄雲外，感染自身及周圍的人群，可以促進人際關係的逐步親近和平，進一步擁抱淺景淡色與花鳥蟲魚。知足常樂，對事，坦然面對，欣然接受；對情，琴瑟合鳴，相濡以沫；對物，能透過下里巴人的作品，品出陽春白雪的高雅。做到知足常樂，良好心態就會和待人處事並駕齊驅，充滿和諧、平靜、適意、真誠。這是一種人生底色，當我們都在忙於追求、拚搏而找不著北的時候，知足常樂，這種在平凡中渲染的人生底色所孕育的寧靜與溫馨對於風雨兼程的我們是一個避風的港口。體悤整理後，毅然前行，來源於自身平和的不竭動力。真正做到知足常樂，人生會多一份從容，多一些達觀。

老子在《道德經》中說：「禍莫大於不知足。」講的是知足常樂的道理。孟子說：「養心莫善於寡欲；其為人也寡欲，雖有不存焉者，寡矣；其為人也多欲，雖有存焉者，寡矣。」說的也是知足常樂的道理。幾千年前孔子的學生顏回就是一個懂得知足常樂的典範。他雖家境貧寒，但仍然孜孜不倦地追求聖賢之道，故而深受孔子的讚賞。

孔子曰：「賢哉，回也！一簞食，一瓢飲，在陋巷，人不堪其憂，回也不改其樂。賢哉，回也！」當時的顏回用一個竹編器皿吃飯，用一個瓢來喝水，住在一個陋巷，難怪受到老師的喜愛和讚賞，我們今天的物質生活和精神生活，比起幾千年前顏回，不知要好多少倍。但是，有的人卻仍然不知足，的確不應該啊！

古人的「布衣桑飯，可樂終身」是一種知足常樂的典範。「寧靜致遠，淡泊明志」中蘊含著諸葛亮知足常樂的清高雅潔：「採菊東籬下，悠然見南山」中盡顯陶淵明知足常樂的悠然；沈復所言「老天待我至為厚矣」表達著知足常樂的真情實感。更多的時候，知足常樂是融合在平平淡淡才是真的意境中。知足常樂，是一種人性的本真，在孩童時代，我們會為擁有忍俊不禁，無論行至何方，所處何位，知足常樂永遠都是情真意切的延續。

是的，人生習揚、知足常樂、情境深遠。

美好的語言往往能欣賞別人的優點，消除他人的不是；美好的語言還能把大事化小、小事化了；美好的語言還能平息怨恨、和睦鄰里、團結眾人。而一句善意的話語則能使別人獲得引導，點燃他的自信，給他以無窮的力量。

第八章

花枝滿春，天心月圓

世事繁華皆如夢

弘一大師出家前，就已經是文藝界的大家了，在當時有很大的名氣。早年留學日本，就讀於東京美術學校，攻西洋油畫，同時學習音樂、戲劇、詩詞、書法、篆刻等，而且都學得十分精通。回國後，正趕上辛亥革命，一開始擔任《太平洋報》編輯，並與詩人柳亞子、胡朴安等創辦「文美會」，主編《文美雜誌》。其後應杭州浙江第一師範聘請，教授圖畫、音樂，先後七年，造就了一批藝術人才。著名畫家豐子愷先生也是他的入室弟子，其間又與吳昌碩、葉舟、馬一浮等交遊，加入西泠印社，博學多能，名重一時。

——弘一大師

弘一大師出家前文采風流，名重一時，然而出家以後，卻能了卻塵緣，萬象皆空，實在令人讚歎。真是應了世事繁華、如夢如幻這句話。

在佛理看來，人世中一切事、一切物都在不斷變幻，沒有一刻停留。萬物有生有滅，沒有瞬間停留。對這種現象，佛教中有一個形象的名詞——無常。

宋朝大詩人蘇東坡曾寫過這樣兩句詩：「人似秋鴻來有信，事如春夢了無痕。」

人生真正體會到事如春夢了無痕，那就不會生出這樣那樣的煩惱了，人生就不會陷入如網的怪圈不能自拔。

將繁華的本質看得透徹的有現代著名的女作家張愛玲。她的小說總是以繁華開場，卻以蒼涼收尾，正如她自己所說：「小時候，因為新年早晨醒晚了，鞭炮已經放過了，就覺得一切的繁華熱鬧都已經過去，我沒份了，就哭了又哭，不肯起來。」

張愛玲生於舊上海名門之後，她的祖父張佩倫是當時的文壇泰斗，外曾祖父是權傾朝野赫赫有名的李鴻章，憑著對文字的先天敏感和幼年時良好的文化薰陶，愛玲七歲就開始了寫作生涯，也開始了她特立獨行的一生。

優越的生活條件和顯赫的身世背景並沒有讓張愛玲從此置身於繁華富貴之鄉，相反，正是因為這優越的一切卻讓她在幼年便飽嘗了父母離異，被繼母虐待的痛苦，而這一切，卻是那麼不為人知地掩藏在繁華的背後。

因此，小小年紀的張愛玲便很沉默，總是一個人想著自己的心事，同時，她又是敏感的，她總是能敏感地感受到別人感受不到的東西，總是能感受到許多背後的東西。於是，她和文學便開始結下了不解之緣。她的主要作品除了散文小說，還寫了不少影視劇本、學術論著、譯文，擅長繪畫，可以說她是個不折不扣的才女。愛玲是寫實主義高手，生活中的點滴細節，手到擒來，能化腐朽為神奇。但這種對物質世界的依偎愛戀，其實建築在相當虛無的生命反思上。她追逐人情世故的瑣碎細節，因為她認為除此之外，人別無所恃。她是文化的巨人，卻是生活的矮子，人們無法接受愛玲的孤傲，其實那種孤傲正是她對現實生活的躲避和無奈，正如她在《天才夢》中所說：「在沒有人與人交接的場合，我充滿了生命的歡悅。可是我一天也不能克服這種咬齧性的小煩惱，生命是一襲華美的袍，爬滿了蚤子。」單純的她突然遭遇愛情，有些手足無措，跌入了老奸巨猾的大漢奸胡蘭成的圈套，悲劇開始了，最終她還是被胡始亂終棄了，儘管這樣她還在千里尋夫的路上傾其所有接濟逃往溫州的胡蘭成，而胡卻肆意揮霍和另一個女子行苟且之事，愛玲的感情堤壩終於崩潰了，後來輾轉到了美國，在三十六歲時嫁給了六十五歲的賴雅，終此一生。

這不禁讓人想起弘一大師這個曾經的翩翩少年郎，這個曾經的文壇才子，這個曾經的舞臺寵兒，在經歷了人生一場又一場的繁華之後，弘一大師是否也從那殆盡的繁華之中看到了無邊的蒼涼？是否也於那陣陣繁華之中體悟到了透心的蒼涼？在看似繁華的面前，他義無反顧地選擇了放棄，是看透了繁華，還是體悟了蒼涼？如此毅然地伴在了青燈古佛旁。

《三國演義》開頭詩這樣寫：滾滾長江東逝水，浪花淘盡英雄。是非成敗轉頭空。青山依舊在，幾度夕陽紅。人世繁華榮枯皆是幻象，一個人明白了這些，就能在人生旅途中多一些風日灑然，少一些愁苦煩悶，心胸就會豁達許多。生活中的你，如果還在迷戀那些燈紅酒綠的生活，就趕快回頭吧。

苦樂的詩意

還有一段故事，也是《涅經》上說的。過去無量劫的時候，釋迦牟尼佛，爲一很窮困的人，當時有佛出世，見人皆先供養佛然後求法，己則貧窮無錢可供，他心生一計，願以身賣錢來供佛，就到大街上去賣自己的身體。當在大街上喊賣身時，恰巧遇一病人，醫生叫他每日應吃三兩人肉，那病人看見有人賣身，便十分歡喜，因向貧人說：「你每日給我三兩人肉吃，我可以給你五枚金錢！」這位窮人，聽了這話，與那病人商洽說：你先把五枚金錢拿來，我去買東西供養佛，求聞佛法，然後每日把我身上的肉割下給你吃。當時病人應允，即先付金錢。這窮人供佛聞法已畢，即天天以刀割身上的三兩肉給病人吃，吃到一個月，病才痊癒。當窮人每天割肉的時候，他常常念佛所說的偈，精神完全貫注在法的方面，竟如沒有痛苦，而且不久他的身體也就平復無恙了。這窮人因求法之故，發心做難行的苦行有如此勇猛；諸生現今在這院裡求學，早晚皆得聞佛法，不但每日無須割去若干肉，而且有衣穿，有飯吃，這豈不是很難得的好機緣嗎？

——弘一大師

弘一大師及出家人的生活在我們看來是很清苦的，但對於真正的出家人而言，他們並不會認為苦，而是相反地把苦當成樂，並且從中獲得真正的快樂。其實，獲得快樂的真正方法並不是去逃避痛苦，而是化苦為樂。

痛苦與快樂似乎從來都是相伴相生的，二者之間相互矛盾又相互聯繫，所謂「沒有痛苦也就無所謂快樂」，如果我們將痛苦與快樂看成是絕對地對立從而加以逃避，那麼，我們不僅不能得到快樂，反而會使得我們更加痛苦，而我們之所以見苦便畏懼是因為我們沒有一個正確的苦樂觀。

其實，苦與樂並非是相互對立的，而是和諧統一、相輔相成、相互轉化的。正如哈蜜瓜比蜜還要甜，人們吃在嘴裡樂在心上；苦巴豆比難吃的中藥還要苦。然而，種瓜的老人卻告訴我們：哈蜜瓜在下秧前，先要在地底下埋上半兩苦巴豆，瓜秧才能茁壯成長，結出蜜一樣的果實來。

是的，沒有苦中苦，哪有甜中甜呢？而樂又從何而來呢？苦是樂的源頭，樂是苦的歸結。「不經風霜苦，難得臘梅香」，成功的快樂，正是經歷艱苦奮鬥後產生的。吃得苦中苦，方能得成果。古人「頭懸樑，錐刺股」，苦則苦矣，但他們下苦功實現上進之志，本身就是一種快樂，以苦為樂，苦中求樂，其樂無窮。

苦的滋味的確讓人覺得不好受，甜、樂的滋味人人都喜歡，艱苦的勞動、挫敗和失敗與苦味一樣，沒有人想特意去領受，而成功的喜悅則是大家都夢想得到的。但是，如同沒有苦巴豆就結不出哈蜜瓜一樣，想要享受成功的喜悅，多半先要飽嘗找尋成功的艱辛。

苦與樂往往會和人們的成功和失敗聯繫起來。成功是新大陸，不嘗一嘗在大西洋上漂泊近兩個月看不見陸地的苦，哥倫布怎能在毫無希望之時，看到曙光中的大陸呢？成功是勝利，不每天都嘗一嘗那在苦艾酒中浸過的苦膽，勾踐怎麼能取得滅吳的功績呢？甜絲絲的成功背後，總有一段苦不堪言的奮鬥過程。《聖經》說，通往天國的門是小門，路是荊棘之路。是的，不付出代價，不經過艱苦努力而得來的成功是沒有保障的。「或許，靠老天幫忙，取得成功，也行吧？」有人會這樣問，天上掉餡餅的事不一定沒有，但那是極其偶然的，那種樂，是僥倖的樂，因為沒有嘗過苦味，所以也並不顯得很樂。歡呼收割之前，必須流汗撒種。

做一件艱苦的事，我們不能埋怨。一旦有了成功的希望，有了奮鬥的目標，知道苦盡甘來的道理，艱苦前行的人，才不會懈怠，不懼於迎接成功的苦痛。

的確，人生的悲苦從來都是無法逃避的。多苦少樂是人生的必然。因此，我們應該做到能苦會樂的那份坦然、化苦為樂的那份智者的超然。

有這樣一個關於「苦」的古老的故事：

有一群弟子要出去朝聖。師父拿出一個苦瓜，對弟子們說：隨身帶著這個苦瓜，記得把它浸泡在每一條你們經過的聖河，並且把它帶進你們所朝拜的聖殿，放在聖桌上供養，並朝拜它。

弟子朝聖走過許多聖河聖殿，並依照師父的教言去做。回來以後，他們把苦瓜交給師父，師父叫他們把苦瓜煮熟，當作晚餐。晚餐的時候，師父吃了一口，然後語重心長地說：奇怪呀！泡過這麼多聖水，進過這麼多聖殿，這苦瓜竟然沒有變甜。弟子聽了，好幾位立刻開悟了。

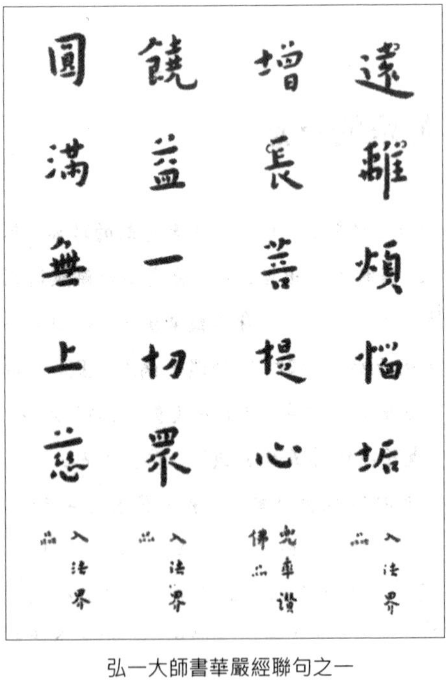

弘一大師書華嚴經聯句之一

這真是一個動人的教化，苦瓜的本質是苦的，不會因聖水聖殿而改變；人生是苦的，修行是苦的，由情愛產生的生命本質也是苦的，這一點即使是聖人也不可能改變，何況是凡夫俗子！

很多嘗過感情與生命大苦的人，也無法告訴別人失戀是該歡喜的事，因為它就是那麼苦，這一個層次是永不會變的。可是不吃苦瓜的人，永遠不會知道苦瓜是苦的。

一般人只要有苦的準備，煮熟這苦瓜，吃它的時候第一口苦，第二三口就不會那麼苦了！對待我們的人生與修行也是這樣的，時時準備受苦，不是期待苦瓜變甜，而是真正認識那苦的滋味，這才是有智慧的態度。不是期待苦瓜變甜，而是要去真實地體會和瞭解。苦瓜本來就是苦瓜，是連根都苦的。這是一個苦瓜的實相、真相。變甜只是我們虛幻的期待而已，唯有真正面對事物的真相，我們才能從中解脫。所有的事情都是當下去面對它、解決它。不期待未來，才能真正地解決和處理。

圓滿的人生並不是一輩子沒有吃過苦、沒有失過戀，而是經歷過、體驗過、面對過那苦的滋味、超越那苦的感覺。

苦為樂、樂為苦，苦與樂的感受全在於一心。達摩面壁，凡人皆稱其為苦修。有誰知道達摩祖師在靜修中，心歸空靈，慧及宇宙，體膚之苦盡皆化為心靈的極樂，並無半點苦楚可言。

苦與樂：生命的盛宴。

佛說：離苦得樂。

佛還說：涅寂靜。活在世間的眾生，總是感慨苦多於樂，要離苦才能得樂。因此，佛學是離苦得樂的哲學。只有深刻體驗苦，才能透澈體會樂啊！生命本身並沒有苦與樂之分，只是眾生按照自己的世俗觀點和功利心，把世間的事情分成了苦與樂：合乎自己心願的認為是樂，不合乎的就看作是苦。到頭來，既沒有接納過苦，也沒有徹底擁有過樂。須知，苦與樂是一體的，苦即是樂，樂即是苦。

眾生之所以感到苦多於樂，是因為不接受苦，卻只想要樂。可越是逃避苦，苦就越是緊跟著不放。當我們接納苦，把苦看作是人生的必然歷程時，苦便不再是世俗的「苦」了。同樣，接受樂，把樂當作是生命的歷程，樂也不再僅僅是世俗的「樂」了。而當眾生真的能接納所有苦樂時，先前的苦樂「標準」立刻土崩瓦解，根本不再有苦與樂的分別，生命本身就是一場盛宴。你我所能做的就是去享受生命的盛宴，享受所有的苦與所有的樂，活在生命的苦樂中。因此，佛所說的離苦得樂的「苦」並不是我們世俗意義上的苦，在佛陀看來俗世眾生的苦與樂都是苦，只有真正了悟「苦樂一體」的道理，摒除苦樂的俗世劃分標準，體驗到「大樂」，這才是真正的樂啊。因此，不要逃避苦，接納一切苦與樂，用自己的全部感受去經受世間的所有。

活在當下

過去事已過去了，未來事不必預思量；
只今便道即今句，梅子熟時梔子香。
即今休去便休去，若覓了時無了時。
從前種種譬如昨日死，今日種種譬如今日生。

——弘一大師

弘一大師在出家後曾寫下了這樣一副對聯：從前種種譬如昨日死，今日種種譬如今日生。大師的這副對聯正說明了昨日的事不必再牽掛，只注重你今日的事最好，用一句時尚的話來說，就是「活在當下」。

活在當下的真正含意來自禪，禪師知道什麼是活在當下。有人問一個禪師，什麼是活在當下？禪師回答，吃飯就是吃飯，睡覺就是睡覺，這就叫活在當下。是的，最重要的事情就是現在你做的事情，最重要的人就是現在和你一起做事情的人，最重要的時間就是現在，這種觀點就叫活在當下，它是直接可以操作的。

佛家常勸世人要「活在當下」。所謂「當下」就是指：你現在正在做的事、待的地方、周圍的人；「活在當下」就是要你把關注的焦點集中在這些人、事、物上面，全心全意認真去接納、品嘗、投入和體驗這一切。活在當下是一種全身心地投入人生的生活方式。當你活在當下，而沒有過去拖在你後面，也沒有未來拉著你往前時，你全部的能量都集中在這一時刻，生命因此具有一種強烈的張力。然而大多數的人都無法專注於「現在」，他們總是想著明天、甚至下半輩子的事，時時刻刻都將力氣耗費在未知的未來，卻對眼前的一切視若無睹，便永遠也不會得到快樂。當你存心去找快樂的時候，往往找不到，唯有讓自己活在「現在」，全神貫注於周圍的事物，快樂便會不請自來。

或許人生的意義，不過是嗅嗅身旁每一朵綺麗的花，享受一路走來的點點滴滴而已。

畢竟，昨日已成歷史，明日尚不可知，只有「現在」才是上天賜予我們的最好的禮物。有一天當生命走向盡頭的時候，問自己一個問題：對這一生覺得了無遺憾嗎？想做的事都做了嗎？有沒有好好笑過、真正快樂過？

正如《金剛經》對三際托空的描述：「過去心不可得，現在心不可得，未來心不可得。」也就是說，整個宇宙的運作都只是在「當下」，而人生便也是這活在當下的滋味，過去的已經過去，未來的日子無法預測，生命苦短，我們不知道明早起床時，是否能看見太陽明晃晃地射進窗子，我們真正擁有的只是今天的此時此刻。

有人請教大龍禪師：「有形的東西一定會消失，世上有永恆不變的真理嗎？」大龍禪師回答：「山花開似錦，澗水湛如藍。」多麼美妙的一幅山水畫啊！「山花開似錦」——山上開的花呀，美得像錦緞似的，轉眼即會凋謝，但仍不停地奔放綻開。「澗水湛如藍」——溪流深處的水呀，映襯著藍天的景色，溪面卻靜止不變。這一對句，隱寓著世界本身就是美的，稍不經意，就將流逝消失。生命的意義在於生的過程。在我們這個物質世界，有一個時間之箭，任何東西都受它的強烈影響。花開的同時，注定要凋落，山花卻不因要凋謝，而不蓬勃開放；清清的澗水不因其流動，而不映襯藍天。時間之箭是單向的，我們這些有生命之物，都要把握住現在，今朝

靈佑住持溈山後，收了兩位高徒，即仰山與香嚴。在禪堂內，靈佑對他倆說：「無論

過去、現在和將來，佛理都是一樣，每個人都可以找到解脫之道。」仰山就問：「什麼是人人解脫之道？」靈佑回頭看看香嚴說：「寂子提問，你為什麼不回答他？」香嚴說：「如果說過去、現在和將來，我倒是有個說法。」仰山問：「你有個什麼說法？」香嚴打了一聲招呼就走出去了。靈佑又問仰山：「他這樣回答，合你的意嗎？」仰山回答：「不合。」靈佑又問：「那你的意思是什麼？」仰山也未告別一聲就出去了。靈佑呵呵大笑，歎道：「真是水乳交融啊！」

朝暉圖

人生無常，很多事情都不是我們能預料的，我們所能做的只是把握當下，珍惜擁有。

人們之所以總是會有這樣或者那樣的麻煩，是因為人們總是生活在過去或者未來，而往往被我們所忽視或者並不予以理會的則是我們生活的「當下」。而一個真正懂得「活在當下」的人便能「快樂來臨的時候就享受快樂，痛苦來臨的時候就迎著痛苦」，在黑暗與光明中，既不回避，也不逃離，以坦然的態度來面對人生。

是的，活在當下就要對自己當前的現狀滿意，要相信每一個時刻發生在你身上的事情都是最好的，要相信自己的生命正以最好的方式展開，你如果抱怨現狀不好，因為你不知道還有更壞，如果你不活在當下，就會失去當下。人活著其實就應該放下過去的煩惱，捨棄未來的憂思，把全副的精力用來承擔眼前的這一刻，因為失去此刻便沒有下一刻，不能珍惜今生也就無法嚮往未來。

佛法是極其講究善良的，勸人向善便是其中的一大教義，而且這種善不僅僅表現在言語上，更是表現在對於惡的包容與改正上。

順其自然

我至貴地，可謂奇巧因緣。本擬住半月返廈。因變住此，得與諸君相晤，甚可喜。

——弘一大師

佛法云：一切隨緣，順其自然。弘一大師對一切事情的因緣都不去強求，而是當作因緣，並順其自然地接受，深得佛法的真髓。

順其自然是佛法，恢復本原亦是佛法。世間萬物皆有其自身的規律之所在，水在流淌的時候是不會去選擇道路的；樹在風中搖擺時是自由自在的，它們都懂得順其自然的道理。因此，揠苗助長固不可取，逆流而上也是一種愚蠢。

再美好的事物，其結果都是一樣的——或好或壞、或高或低、或美或醜、或大或小，感覺上沒有什麼太大的差別。不同的則是他們的過程，在過程中享受奮鬥的愜意，那才是幸福快樂的，而這個過程便是境遇，一種無法抵抗的客觀事實，你只能隨自然而為。

隨不是跟隨，而是順其自然，不怨怒，不躁進，不過度，不強求。隨不是隨便，是把握機遇，不悲觀，不刻板，不慌亂，不忘形。

生命本無所謂重或輕，輕於鴻毛，只是相對而言，舉重若輕，舉輕若重，我們才能逍遙自在，隨心而安。

法眼禪師在慶輝禪師那裡參禪的時候，如終不能契悟入道。

於是乎，他就辭別慶輝禪師，開始雲遊四方。

有一次下大雨，就在途中的一座地藏掛單，城裡的知客師問他：「禪師你要往哪裡去啊？」法眼禪師回答：「我沒有什麼目的，只是隨便走走罷了。」

知客師問：「你對這種四方來去的雲遊方式，有什麼感受呢？」

法眼禪師回答：「雲水隨緣。」

知客師讚歎說：「雲水隨緣這話最逍遙自在了啊！」

法眼禪師聽了之後，對什麼是逍遙自在頓時有所感悟。

世間一切皆佛法，順其自然就是靜靜等待大自然的時機，放心讓蒼天大地，雨露陽光滋養，我們若看待自己的命像小和尚的師傅對待草籽一樣，我們的生命就會輕鬆隨興，收穫意想不到的大充實。

人活於天地之間，常常為生計所迫使，東奔西走，艱辛勞碌，能做到雲水隨緣之心態者又有幾何？更莫奢談逍遙自在了。

一次，雪峰和岩頭兩位禪師一起出外雲遊，當他們來到湖南龜山時，不巧遇大雪封路，他們只得在山洞裡停留，岩頭整天除了閒逛，便是睡覺，雪峰總是在坐禪。

有一天，雪峰想把岩頭喚醒：「師兄，快起來。」

岩頭問道：「起來做什麼？」

雪峰說道：「我們到這裡，不能前進，可你也不能停止修行，只是睡覺。」

岩頭喝著說道：「去睡你的覺吧。」

雪峰指著自己的胸口，說道：「我這裡還不夠穩定。」

岩頭說道：「那就把你所困惑的統統告訴我。」

雪峰敘述道：「我來自監官禪師那裡，得以入門。在讀了洞山的悟道偈後，有所感悟。但問師父『德山』最上宗乘之事，卻被師父打了一棒說『你說些什麼』。」

岩頭聽後，便說道：「你沒有聽過嗎？從門入者，不是家珍。」

雪峰迫不及待地問道：「今後我該怎麼辦呢？」

岩頭說道：「一切言行從襟中流出，頂天立地而行。」

此話一出，雪峰徹悟。

釋迦牟尼佛曾對弟子說：「佛死就如蠟燭熄滅，蠟燭光到什麼地方去了，佛死後就會到什麼地方。和火焰熄滅是同樣的道理，佛死了，他就消滅了，他是整體的一個部分，他和整體共存亡，不要關心佛死後會去哪，他去哪裡並不重要，重要的是如何成佛，等到你們頓悟的時候，你就不會再追問這樣的問題了。」

有弟子問洞山良价：「寒暑到來時，如何回避？」

洞山曰：「可以到沒有寒暑的地方。」

弟子又問：「哪裡是沒有寒暑的地方？」

洞山回答：「寒時化為寒涼，熱時化為酷暑，真可謂：安禪不必須山水，滅卻心頭火自涼。」

的確，我們無須妄念紛紛，困惑百出，只要胸襟光明寬闊，坦坦蕩蕩，隨緣任運，與天地精神獨往來，做一名俯仰無愧行遊者，生死也可隨它去吧。

其實，很多時候，順其自然是一種境界。

許多人探討過煩惱的來源，從某個角度看，來源其實只有一個，不願順其自然，不願接受冥冥之中的安排。但這都是有代價的，只是當事人不知而已。上帝公平得很，賦予的同時總伴隨著索取。而佛則認為人的煩惱的產生是由於我們對某物的執著和放不下，我們總是希望事情按照我們的意願去發展，但事實則正好相反，而我們卻依然執著於當初的意願，這便產生了所謂的「煩惱」。

衣著光鮮名利雙收的工作，失去的是健康的體魄。

富甲一方，權傾一時的家族，多數勾心鬥角，絕少和睦。

「君子之澤，五世而斬」，血汗拚出的天下，子女絕少進取之心。

對物質的欲望愈強，便愈難以快樂。豪華遊艇的刺激、闊綽別墅的奢侈，其實都比不上村邊倚牆而坐的老漢，迎著暖暖的陽光，咀嚼些家長裡短的愜意。

原來，生活中有許多東西是可遇而不可求的，有時能有某種體驗就足夠了。不完美的才是真實的。正如徐志摩所說：「得之我幸，不得我命，如此而已。」這就是我們應該追求的生活態度——順其自然，不屬於你的，大概永遠也不會屬於你，譬如天上的月亮。你想真正得到你所珍惜的東西最好順其自然，如果它微笑著翩然而至，來到你身邊，它將永遠屬於你；如果它無意降臨，你又何必像放風箏似的，死死吊住它不放？

順其自然不僅僅是一種境界，更是一種智慧，而刻意雕琢反而意味著一種累。

白石老人有一把飄然若仙的美髯，睡覺時一向是聽取自然的：或安於被內，或露於被外，悉聽尊便。但某一天，一個友人突然問他：將長髯放在哪裡睡覺更舒服？白石老人開始琢磨長髯擺放的最佳位置。這一琢磨，竟覺得無論放哪兒都不再舒適。結果，一向睡眠挺好的白石老人，竟被那美髯的位置折騰得徹夜不眠。

還有一個小故事也同樣說明了倘若我們去刻意雕琢或者追求則會導致與我們初衷完全相反的結局。

蜈蚣一向爬得挺好看的，可是某一天，一位美學家建議說：「為了爬得更好看，當您向前邁出左側第十二條腿時，一定要注意右側第十六條腿是怎樣配合的。」蜈蚣居然採納了這建議，並且開始注意這一「美學原則」，可憐，這麼一注意，這「百足之蟲」，竟再也爬不好路了。

在我們的生活和工作中，我們不妨讓很多事情都順其自然，這樣你會發現你的內心會漸漸清朗、而思想的負擔也會隨之而減輕許多。的確，順其自然可以說是經歷了萬千風雨之後的大徹大悟；是領略了人生的峰迴路轉之後的空靈；也是一種幽幽暗暗、反反覆覆追問之後的無奈。

因此，一切順其自然或許才是最佳的結果。

花枝滿春，天心月圓

花枝滿春，天心月圓

——弘一大師

悲欣交集

——弘一大師

弘一大師在生命的彌留之際寫下了「悲欣交集」這幾個字，既為自己的即將解脫而感到欣慰，又為眾生的深陷苦海而感到悲傷，不由不讓人感慨萬千。生命易逝，而世人還在迷途不返，豈不悲哉？

弘一大師還曾為友人寫過這樣一幅字「花枝滿春，天心月圓」。那種圓滿的喜悅心情，溢於言表。每個人在面對大師的這兩句話時都應該能感受到他對生命的熱愛，對智慧圓滿至境的狂喜。

在非洲的戈壁灘上，有一種小花，花呈四瓣，每瓣自成一色：紅、白、黃、藍。通常，它要花費五年的時間來完成根莖的穿插工作，然後，一點點地積蓄養分，在第六年春，才在地面吐綠綻翠，開出一朵小小的四色鮮花，尤其讓人們惋歎的是，這種極難長成的小花，花期並不長，僅僅兩天工夫，它便隨母株一起香消玉殞。

小花的生長和蟬的生命歷程有著驚人的相似。它們只是大自然萬千家族中極為弱小的一員，可是，它們卻以其獨特的生命方式向世人昭告：生命一次，美麗一次。

說到底，花朵易逝，月圓又缺。生命之旅，無論短如小花、圓月，還是長如靈龜，都應當珍惜這僅有一次的生存權利，讓生命更精彩。我們理應在有限的時間裡，綻放生命的花朵，使生命絢爛多彩。

有一個年輕的護士，大部分時間都是在病房裡度過的，病人床頭的花開花謝讓她深刻地感受到生命的脆弱。有時候，她甚至覺得病人床頭大朵綻放的花彷彿渾然不知死亡的存在，冰冷的花蕊就像一隻隻嘲弄的眼睛。因此，她一點也不喜歡花。

一天，病房裡一個新來的男孩送給她一盆花，她竟然沒有拒絕。也許是為了他的稚氣、孩子一般的笑容，也許是怕傷害對方的心。從他搬進來的第一天起，她就知道他再沒有機會離開這間病房了。

那次，他趁她不注意的時候偷偷地溜到外面去玩，回來的時候正好碰見了她。他像一個做錯事的孩子站在她面前，低著頭一聲不吭。到了傍晚，她的桌上多了一盆三色堇，紫、黃、紅，斑斕交錯，像蝴蝶展翅，又像一張頑皮的鬼臉，旁邊還附上一張小條子：「想知道你不高興的樣子像什麼嗎？」她忍俊不禁。第二天她就收到了他送的一盆太陽花，小小圓圓的紅花，每一朵都是一個燦爛的微笑：「想知道你笑的樣子像什麼嗎？」

後來，他帶她到附近的小花店閒逛，她這才驚奇地知道，世上居然有這麼多種花，玫瑰深紅，康乃馨粉黃，馬蹄蓮幼弱婉轉，鬱金香豔異咄咄，梔子香得動人魂，而七里香更是懾人心魄。她也驚奇於他談起花時燃燒的眼睛，彷彿在那裡面燃燒著生命的光芒。

他問：「你愛花嗎？」「花是無情的，不懂得生命的可貴。」她淡然地回答。

他微笑著告訴她：「懂得花的人，才會明白花的可敬。」

一個烈日炎炎的中午。她遠遠看見他在住院部的花園裡呆站著，她剛要喊一聲，他聽到了腳步，急切回身，食指掩唇：「噓——」

那是一株矮矮的灌木，綴滿紅色燈籠的小花，此時每一朵花囊都在爆裂，無數花籽四周飛濺，彷彿一場密集的流星雨。他們默默地站著，見證了一種生命最輝煌的歷程。

第二天，他送給她一個花盆，盆裡只有滿滿的黑土。他微笑著說：「我把昨天撿回來的花籽種在盆裡了，一個月後就會開花。」

三天後，深夜，他床頭的急救鈴聲突然響起。她第一時間衝到病人的身邊，在家屬的眼淚中，她知道一切都已經太晚了。在生命的最後時刻，他始終保持奇異的清醒，對身邊的每一個人露出了一個燦爛的笑容，那笑容像剛剛展翅便遭遇風雪的花朵，漸漸凍凝成化石。

她並沒有哭，但每天給那盆光禿禿的土澆水。後來，她到外地出差一個星期，回來後，發現那盆花不見了。同屋的女伴看見裡面什麼都沒有種，就把它扔到窗外了。

又過了一段時間，她打開桌前久閉的窗，整個人驚呆了——

窗戶下，一個摔成兩半的花盆裡長出了一株瘦瘦的嫩苗，青翠欲滴，還有一個羞澀的含苞，好像一盞燃起的生命之燈。這時，她忽然懂得了生命的真諦。

生命是寶貴的，短暫的，重生樂生，在有限的生命歲月，創造更多更高的人生價值，使生命更有意義，不枉來世上走一趟。世間的事情永遠是不可能十全十美的，也許正因為這樣，才會有人一輩子都去追求完美的東西。歌德有句名言：生活在理想的世界，就是要把不能的東西當作彷彿是可能的東西來處理。別總是面對死亡而悲觀，是的，既然活著，就應該好好歌唱，活著就應該笑。因為只有笑，才是苦難最好的歸宿。「笑對生活」就是樂生重生，順其自然，追求高，看得透，想得開，活得既有意思、有價值，又比較輕鬆。

是的，易朽的是生命，似那轉瞬即謝的花朵；然而永存的，是對生的激情。每一朵勇敢開放的花，都是一個面對死亡的燦爛微笑。一個人的一生中，如果能夠有一次在月圓之夜綻放出生命的花朵，將生命的美麗釋放，那麼一個人的一生就可以了無遺憾了。

遠離煩惱心

弘一大師說佛

編　　著　郭林生
木馬文化社長　陳蕙慧
副總編輯　李欣蓉
編　　輯　楊惠琪
校　　對　魏秋綢、李欣蓉
內頁設計　陳宛昀
讀書共和國社長　郭重興
發行人兼出版總監　曾大福
出　　版　木馬文化事業股份有限公司
發　　行　遠足文化事業股份有限公司
地　　址　23141 新北市新店區民權路 108-3 號 8 樓
電　　話　(02)22181417
傳　　真　(02)22188057
郵撥帳號　19588272 木馬文化事業股份有限公司
法律顧問　華洋國際專利商標事務所　蘇文生律師
印　　刷　成陽印刷股份有限公司
初　　版　2019 年 7 月
定　　價　360 元

國家圖書館出版品預行編目(CIP)資料

遠離煩惱心：弘一大師說佛 / 郭林生編著 . -- 初版 . -- 新北市：木馬文化出版：遠足文化發行，2019.07
面；　公分
ISBN 978-986-359-672-1(平裝)

1. 佛教修持 2. 生活指導

225.87　　108005527